El camino de la Diosa

RITUALES DIARIOS PARA
DESPERTAR A TU GUERRERA INTERIOR
Y DESCUBRIR TU VERDADERO SER

El camino de la Diosa

ANANTA RIPA AJMERA

Con ilustraciones de Gaby Gohlar

KEPLER

Argentina – Chile – Colombia – España
Estados Unidos – México – Perú – Uruguay

Título original: *The Way Of The Goddess*
Editor original: TarcherPerigee, an imprint of Penguin Publishing Group, a division of Penguin Random House LLC
Traducción: Jeannine Emery

1.ª edición Noviembre 2024

Ilustraciones: Gaby Gohlar
Diseño del libro: Shannon Nicole Plunkett

Plaza de los Reyes Magos, 8, piso 1.º C y D – 28007 Madrid
www.edicionesurano.com

ISBN: 978-84-16344-95-6
E-ISBN: 978-84-10159-95-2
Depósito legal: M-20.043-2024

Fotocomposición: Urano World Spain, S.A.U.

Impreso por: LIBERDÚPLEX
Ctra. BV 2249 km 7,4 – Polígono Industrial Torrentfondo
08791 Sant Llorenç d'Hortons (Barcelona)

Impreso en España – *Printed in Spain*

Los mejores maestros son aquellos que te impulsan
a adueñarte de tu verdadero poder.

Dedico este libro a todos los grandes maestros de mi vida,
que sirvieron de catalizadores para despertar
el poder de la diosa Durga en mi interior.

Índice

Introducción 13

Capítulo 1: El poder de la práctica 27

Conectar con el aquí y ahora (cuando te sientes a la deriva) con la diosa Shailputri, una encarnación de la madre naturaleza

Capítulo 2: Canalizar tu energía 49

Canalizar tu energía (cuando te sientes nervioso) con la diosa Brahmacharini, la que practica el *brahmacharya* (el camino del autocontrol)

Capítulo 3: Encender el fuego de la transformación 75

Hacerte valer (cuando debes posicionarte) con la diosa Chandraghanta, la que destruye el miedo, la pena y la resistencia con el fuego

Capítulo 4: El arte de amar a tu Ser verdadero 99

La propiedad terapéutica del amor (practicar el amor por uno mismo como clave para dar y recibir amor) con la diosa Kushmanda, que creó el mundo a través de la risa sincera

Capítulo 5: Expresarse con el sonido y el silencio 121

Liberar tu voz (cuando estés preparado para decir tu verdad) con la diosa Skandmata, la madre de Skanda, el poderoso dios guerrero

Capítulo 6: Definir y mantener límites saludables 143

El poder unificador de la intuición (cuando ya no te conformas con menos en las relaciones interpersonales) con la diosa Katiaiani, la que otorga bendiciones

Capítulo 7: Trascender el trauma con sabiduría 161

El poder liberador de la verdad (cuando estás cansado de todas las mentiras) con la diosa Kalaratri, la destructora de fantasías

Capítulo 8: Abrazar los nuevos comienzos 183

Rejuvenecer tu espíritu (cuando necesitas un nuevo comienzo) con la diosa Maha Gauri, la que otorga juventud eterna

Capítulo 9: Liderar con integridad 205

El poder de la intención (para cumplir el propósito de tu alma) con la diosa Siddhidhatri, la otorgadora de *siddhis* (propiedades terapéuticas sobrenaturales)

Conclusión: Celebrar la victoria de la luz sobre la oscuridad 227

Agradecimientos 231

Apéndice 233

Recursos 235

OM Sarva Mangala Mangalye Shive Sarvartha Sadhike
Sharanye Tryambake Gauri Narayani Namo'stute.
Saludo a la Madre Divina, portadora de buenos auspicios,
y que satisface el deseo de liberación.
La realización surge con Su bendición.
Ella es el mundo mismo.
El alma solo puede perfeccionarse
a través de las experiencias de la vida.
Honra este regalo, tu vida, inclínate ante la Madre Naturaleza.

DURGA SAPTASHATI, capítulo 11

Introducción

MUCHO ANTES DE QUE YO ENTENDIERA LO QUE CELEBRÁBAMOS, NAVRATRI significaba semillas de granada, patatas y arroz inflado a altas horas de la noche después de bailar garba (una forma tradicional de danza folclórica de la India) en un círculo alrededor de la llama brillante de una lámpara ubicada en el centro.

Durante el festival anual de la diosa, que duraba nueve noches y se celebraba cada otoño, la comunidad hindú local se reunía en las canchas de baloncesto del instituto que convertíamos en pistas de baile, en Toledo, Ohio, donde crecí. Las «tías» indias (mujeres a las que en realidad no me unía ningún parentesco pero a las que llamaba tías porque así es como llamamos a todas las mujeres de la generación de nuestras madres) empujaban y tiraban de los niños (yo incluida) hacia el círculo. Aunque intentaba negarme –«Más tarde, tía. Ahora no, por favor»–, nunca funcionaba. El baile garba era de participación obligatoria, y toda la comunidad, hombres y mujeres, se reunía para celebrar la divinidad femenina.

Aunque la comida era deliciosa y el baile mágico, la verdad era que nunca llegué a entender de qué iban las diosas. Algunas partes de la celebración se centraban en una diosa madre, Durga, mientras que otras se centraban en diosas individuales que representaban partes de Durga. Algunas, como Saraswati, eran puras y sencillas, mientras que otras iban lujosamente vestidas y se sentaban sobre toros o tigres temibles. Varias de las diosas parecían suaves, bellas y femeninas, mientras que otras eran francamente intimidantes y portaban espadas, escudos, mazas y otras armas. Kali era, de lejos, la más feroz y monstruosa de todas: iba armada y siempre se la representaba con la lengua afuera y un pie sobre un demonio de aspecto aterrador. Desconcertada y a veces incluso asustada, solía contemplar esas imágenes durante los *aartis*, los rituales de culto en los que ofrecíamos la llama de una lámpara de barro a una o varias deidades. Sabía que debía sentir algo, pero sobre todo me sentía confundida.

Aquella confusión y frustración solo fue en aumento con el paso de los años al advertir el contraste entre la reverencia que se mostraba a las diosas durante los festivales y el trato que solían recibir las niñas y las mujeres en la vida real. Mi propia infancia y adolescencia habían estado marcadas por traumas sexuales y psicológicos, trastornos alimentarios y ansiedad, que me dejaron descolocada y en una búsqueda constante de una esquiva paz interior que siempre parecía inalcanzable, incluso cuando me fui de casa y empecé a estudiar en la Universidad de Nueva York.

Durante mi penúltimo año, viajé a la India para investigar las ONG involucradas en la educación de las niñas. El último día de mi viaje, una voluntaria indio-estadounidense llamada Heena me llevó a visitar el ashram de Gandhi, donde en cada esquina nos saludaban enjambres de niños vestidos de manera colorida. Cuando saqué una cámara, chillaron de alegría.

«Didi [hermana mayor], Didi, ¡hola! Por favor, hazme una foto», gritaban. Riendo, saqué todas las fotos que pude, pero al mirar por el visor me di cuenta de que había una niña, de alrededor de ocho o nueve años, que se escondía y parecía ajena a todo, incluso mientras los demás niños cantaban y jugaban.

Cuando le pregunté a Heena por ella, me dijo de modo sombrío: «Se llama Lakshmi. La violaron el año pasado. Sus padres la enviaron aquí para que estuviera más segura y pudiera recibir educación y tener una vida mejor, pero incluso después de seis meses, sigue retraída».

Al instante pensé en Navratri y en las coloridas representaciones de Lakshmi, la diosa hindú de la riqueza. Las imágenes tradicionales muestran a una mujer fuerte y benévola sentada sobre un león, adornada con joyas y monedas que le caen de las manos. El hecho de que esta niña hubiera sufrido abusos y, sin embargo, llevara el nombre de la diosa hindú más venerada me impactó como un rayo. ¿Por qué no podíamos conectar el divino femenino que adorábamos durante Navratri con el divino femenino dentro de esta niña, dentro de todas las niñas y mujeres? ¿Había alguna forma de venerar no solo la idea del divino femenino, sino de encontrarlo en nosotras mismas y de llevar esa fuerza con nosotras al mundo moderno?

Cuando volví a la Universidad de Nueva York, no podía dejar de pensar en Lakshmi. Una noche, entré en una librería donde descubrí un mazo de cartas del oráculo de las diosas. Efectivamente, en la baraja había una bella imagen de la diosa Lakshmi con un sari amarillo y una corona, un sol brillante que salía detrás de ella, elefantes en el fondo y flores de loto en ambas manos. El mensaje de la carta era «Futuro brillante». En el folleto que lo acompañaba había una nota sobre Lakshmi en la que se explicaba que «[ella] es una diosa hindú hermosa y benevolente que trae abundancia a quienes la invocan. Lakshmi trabaja con Ganesh, la deidad con cabeza de elefante conocida como el "eliminador de obstáculos". Juntos forman un equipo imparable que trabaja para ayudar a liberar el miedo y aceptar la abundancia».

Mirando la carta aquella noche y en los meses y años que siguieron, me pregunté qué significaba realmente un «futuro brillante». En lugar de dedicarme a una carrera en finanzas, como esperaban mis padres, me licencié de la universidad en 2008 y luego estudié yoga y ayurveda en la India antes de mudarme a San Francisco en 2009 para enseñar a jóvenes en centros de detención. Sabía que avanzar en este recorrido poco convencional plantearía retos, pero persistí, siguiendo mi corazón y ahondando en tradiciones y textos antiguos durante mis estudios. A medida que aprendía más sobre lo que representaban las diosas, comprendí que Navratri, las diosas y el divino femenino no eran algo que debía celebrarse solo una vez al año. Por el contrario, podían ser la base de prácticas diarias que con el tiempo llenarían mis días de una fuerza y una confianza que nunca antes había conocido.

Acerca de este libro

El viaje de Navratri consiste, en última instancia, en pasar de la oscuridad a la luz, de estar desconectado de tu verdadero Ser a conocerte, confiar en ti mismo y conectar la divinidad que hay en tu interior con la forma en que piensas, sientes y te comportas cada día. Esta unión con el Ser superior es el corazón del ciclo de nueve días, y este libro es a la vez la historia de cómo descubrí mi Ser superior a través de esta práctica y una guía práctica y fácil de aplicar para que tú también puedas hacerlo.

La sabiduría en las siguientes páginas está arraigada en la tradición espiritual védica, la espiritualidad universal de la India basada en los Vedas, que son los textos sagrados más antiguos del mundo y sirven como fuente para cuatro religiones muy influyentes a nivel global de la India: el hinduismo, el budismo, el sijismo y el jainismo. Pero la práctica en sí también está firmemente arraigada en mi propia experiencia, adquirida con mucho esfuerzo. Mi traslado a California en 2009 fue el primer paso de un viaje que emprendí durante una década para sanar un trauma infantil y conectarme con mi Ser superior.

Al principio de mis estudios, descubrí que las diosas no solo son cuidadoras, sino también guerreras. Se dice que Durga, conocida tradicionalmente como la madre del universo, posee todos los poderes de los dioses y se la suele representar montada en un león o un tigre y llevando una gran cantidad de armas. Los relatos antiguos la identifican claramente como mujer para ayudarnos a entender lo divino de una forma con la que podamos relacionarnos más fácilmente. Pero el poder transformador de Durga no solo está disponible para las mujeres o aquellos que se identifican como mujeres. Creo que Durga está disponible para todos los buscadores modernos de la verdad, y es accesible a ellos, sin importar su identidad de género, porque ella es la figura emblemática del poder que todos y cada uno de nosotros tenemos para dar a luz a la versión más auténtica de nosotros mismos (representada por la luz de la lámpara de la danza garba).

Aunque utilizo el pronombre *ella* y términos como *diosa*, *madre* y *mujer*, sois todos bienvenidos en este viaje. La práctica de Navratri es mucho más amplia e inclusiva de lo que sugiere la tradición, y creo que, aunque muchas de las historias ancestrales muestran el amor heteronormativo para demostrar algo, estos relatos son más alegóricos que literales. Cada ofrenda, cada ejemplo, cada práctica de este libro está a disposición de todo aquel que quiera recorrer el camino de la práctica de Navratri en un esfuerzo por conocerse a sí mismo.

La mitología india cuenta la historia de cómo Durga luchó contra varios demonios durante el transcurso de nueve noches, culminando el décimo día con su victoria sobre el demonio más terrible. Cada noche del tradicional festival de Navratri, emerge un aspecto diferente de la fuerza infinita de Durga a través de las diosas que representan diversos aspectos del viaje espiritual que todos debemos emprender para alcanzar salud duradera y hacer realidad la verdad de lo que realmente somos.

Los demonios que Durga y sus diosas avatares combaten son profundamente simbólicos de los demonios que debemos enfrentar en nuestro interior: los demonios de la ira excesiva, el miedo, la lujuria, los celos, la inseguridad, el odio, la avaricia, los engaños y la depresión. Solo al librar estas batallas internas y derrotar a estos demonios reconoceremos nuestro Ser verdadero como un alma inmutable y eterna, no solo un cuerpo que se deteriora y una mente que cambia constantemente.

Aunque la tradición espiritual védica abarca una gran cantidad de rituales para facilitar estos esfuerzos por alcanzar el desarrollo espiritual y el bienestar, cuanto más aprendía, más quería algo que fuera más allá de la tradición, algo personalizado para mí y mi vida moderna. A través de la experimentación y la intuición, amplié el festival anual de nueve días y lo convertí en una práctica diaria de Navratri, durante la cual recuerdo a una diosa en particular cada mañana y me esfuerzo durante el día por encarnar la virtud que ella representa, tanto en lo pequeño como en lo grande.

A lo largo del año, sigo este ciclo de nueve días como si siempre fuera Navratri, lo que para mí ha llegado a significar que cada día es una oportunidad para celebrar lo divino femenino en mí y en los demás. Aunque a veces eso signifique ser suave y más tradicionalmente femenina, he descubierto que también puedo y debo ser una guerrera espiritual para emular y celebrar a Durga. Cultivar tanto la fuerza como la suavidad como parte de esta práctica ha cambiado mi vida.

> Cada día es una oportunidad para celebrar lo divino femenino en mí y en los demás.

A través de mi trabajo con individuos y grupos, he comprobado que este proceso también puede cambiar otras vidas. Mis alumnos me dicen que les resulta lo bastante flexible y adaptable como para introducir a las diosas en sus propias vidas de formas que son tan auténticas y significativas para ellos como mi práctica lo es para mí, incluso para personas que al principio no saben nada sobre Navratri, las diosas, el yoga o el ayurveda. Mi objetivo en este libro es que estos rituales sean hoy tan accesibles y transformadores como lo han sido durante miles de años.

En cada capítulo, conocerás a una diosa, escucharás su historia y descubrirás poderes que podrás identificar y cultivar en ti mismo. También aprenderás más sobre las cuatro metas de la vida, que, según los Vedas, son el propósito, la abundancia, el placer y la liberación espiritual, y las formas en que las diosas pueden ayudarte a alcanzar estos objetivos.

LAS CUATRO METAS DE LA VIDA

La tradición espiritual védica nos ha dado cuatro metas universales de la vida, que se encuentran en las prácticas de este libro.

PROPÓSITO. Se trata de vivir tu vida de acuerdo con tus valores más profundos y retribuir a otros de una manera que sea significativa para cada persona. Necesitamos valores que nos anclen para navegar todas las incertidumbres de la vida moderna con fuerza interior, claridad y una sensación de seguridad, pase lo que pase en el mundo que nos rodea.

ABUNDANCIA. Esta meta se refiere a obtener seguridad material y emocional a través de tu trabajo y tus relaciones. La abundancia es necesaria para vivir en el mundo moderno y es lo que te da la capacidad no solo de trabajar para ganarte la vida, sino también la de retribuir a los demás y ser capaz de buscar el conocimiento espiritual.

PLACER. Puede parecer sorprendente, pero el placer es una meta de la vida tan válida como las otras tres, ya que la tradición espiritual védica no ve nada malo en el goce. La sabiduría védica ancestral nos da una excelente orientación respecto de aplicar nuestro código de valores intencionales al ámbito del gozo y asegurar que no seamos esclavizados por anhelos y obsesiones por más placer.

LIBERACIÓN ESPIRITUAL. En la tradición espiritual védica, saber quién eres realmente como ente espiritual se considera la última y más elevada meta de la vida humana. Es una búsqueda importante en nuestras vidas modernas, que están llenas de tantas distracciones que nos llevan a olvidar nuestro verdadero poder espiritual, cuyo olvido lleva a tanto sufrimiento psicológico e incluso fisiológico.

Cada uno de los nueve capítulos comienza con la presentación de una diosa y el poder que representa. Luego, tendrás la oportunidad de evaluar tu relación actual con dicho poder tal como se manifiesta en tu propia vida. Te animo a que utilices un diario para responder estas preguntas y tener un registro de tu proceso de transformación. A continuación, expongo sobre cómo cultivar ese poder en tu propia vida y de por qué es importante. Y, por último, hablo del camino a seguir y recomiendo nueve prácticas que reforzarán tu conexión con ese poder y con el chakra asociado. Para una exploración más profunda, mi organización, The Ancient Way, tiene un Programa de Certificación del Guerrero Espiritual al que te invito a unirte.

Las prácticas de cada capítulo también están pensadas para equilibrar uno de tus *chakras* (palabra sánscrita que significa «rueda»). Un chakra es un vórtice de energía que gira, del que se dice que regula no solo las funciones fisiológicas, sino también las psicológicas. Se dice que los chakras representan las diferentes capas de la mente que podemos equilibrar para lograr un bienestar general en todos los niveles: el cuerpo, la mente y el intelecto. Hay una diosa y un poder diferentes que se despliegan dentro de ti cuando trabajas para equilibrar cada chakra.

La primera vez que leas el libro, te recomiendo leer los capítulos en orden, ya que hay una progresión sistemática de uno a otro. Sin embargo, los capítulos también son de naturaleza cíclica y, con el tiempo y la experiencia, puedes volver a ellos en el orden que prefieras, tanto si eres un principiante como si llevas muchos años estudiando la espiritualidad.

Descubrirás que las historias que cuento sobre mis propias experiencias son, en general, aunque no perfectamente, cronológicas. Como ocurre con cualquier cambio significativo, mi progreso no fue lineal. Si bien algunas prácticas y cambios me resultaron más fáciles de adoptar, otros requirieron años de práctica y contemplación para implementarlos. Mi propia historia es cíclica, como probablemente lo sea la tuya, y para reflejar la realidad de mi propio viaje, de vez en cuando retrocedo y avanzo en el tiempo, aunque las historias aparecen más o menos en el orden en que ocurrieron.

A medida que lees el libro por primera vez, intenta una práctica después de terminar cada capítulo para experimentar cómo es hacer algo que equilibre cada uno de tus chakras en orden. No lo pienses demasiado: la experiencia es la mejor maestra, así que elige la práctica que te parezca más atractiva en ese momento. Cuando termines de leer todo el libro y de probar nueve prácticas diferentes para cada uno de los nueve chakras a tu propio ritmo, te animaré a celebrar tus victorias personales en el capítulo 10. El décimo día de cada ciclo de nueve días es un día de descanso semanal (Sabbat), de reflexión y celebración de la luz sobre la oscuridad en nuestras vidas. También es una oportunidad para volver a comprometerte con un nuevo ciclo de prácticas.

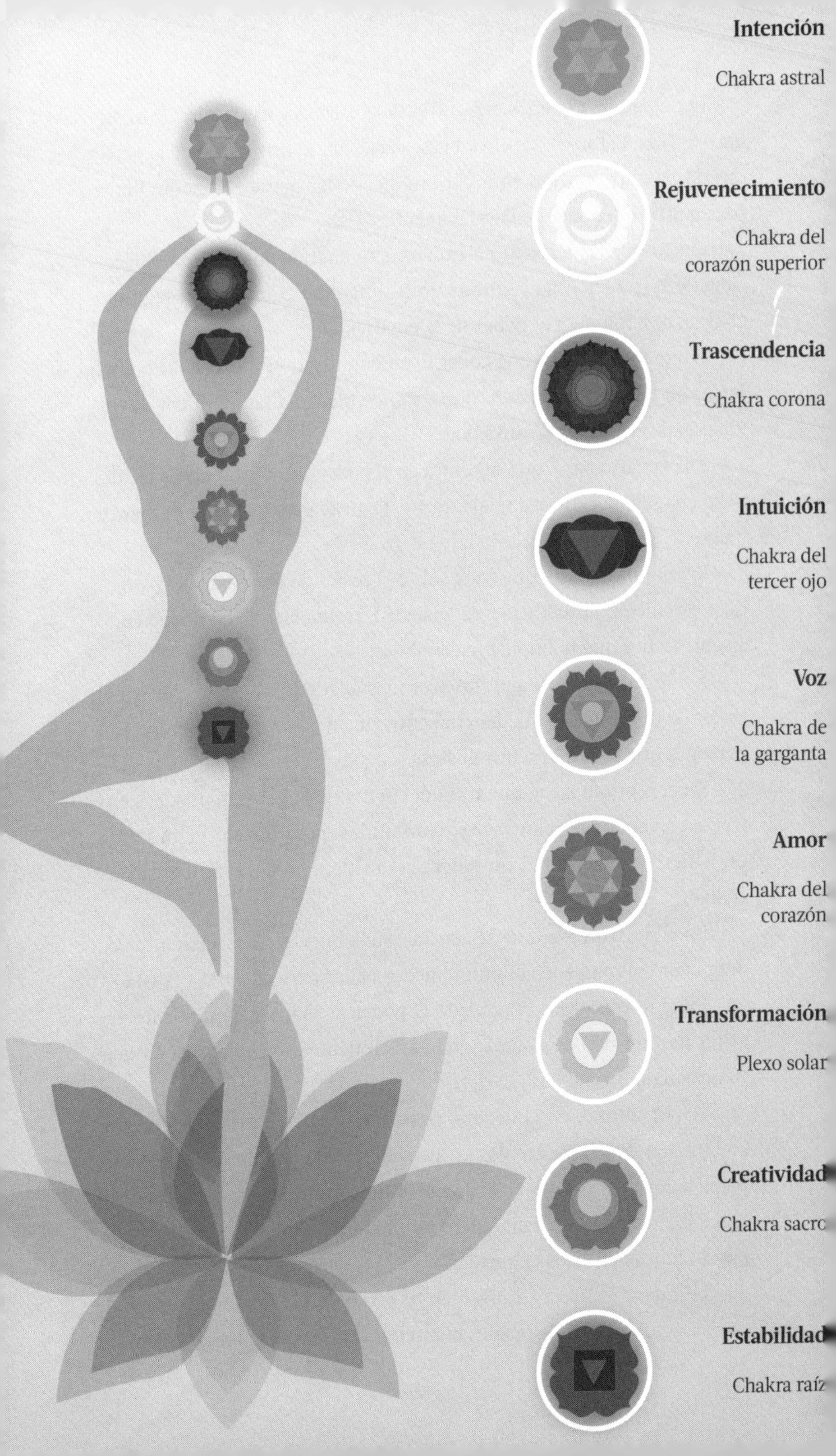
Intención
Chakra astral
Rejuvenecimiento
Chakra del corazón superior
Trascendencia
Chakra corona
Intuición
Chakra del tercer ojo
Voz
Chakra de la garganta
Amor
Chakra del corazón
Transformación
Plexo solar
Creatividad
Chakra sacro
Estabilidad
Chakra raíz

Por ejemplo, digamos que sufres de ansiedad y has recurrido a este libro buscando formas de aliviar esa sensación. El primer día de la práctica de Navratri, puedes empezar hundiendo los pies en la madre tierra para cultivar el poder de la estabilidad.

Luego puedes trabajar en canalizar tu energía ansiosa con el ejercicio de respiración de la abeja zumbadora para equilibrar el segundo chakra, que fomenta el poder de la creatividad.

Como tercer paso, que consiste en equilibrar el plexo solar con el poder de la transformación, puedes encender una lámpara con la intención de consumir tu ansiedad.

En el cuarto paso, que se centra en el poder del amor, puedes focalizarte en escuchar música relajante que te guste para ayudar a calmar tu mente.

En el quinto paso, que trata sobre el poder de tu voz, puedes practicar escribiendo una carta a tu ansiedad, reconociendo cómo te ayudó a sobrevivir y qué te impide hacer ahora.

A continuación, cuando te acerques al sexto paso, que cultiva el poder de tu intuición, puedes concentrarte en pasar menos tiempo con personas que te hacen sentir ansiosa.

En el séptimo paso, que trata del poder de la Verdad, puedes centrarte en repetir el mantra «Soy un alma» para fortalecer tu poder espiritual y tu identidad verdadera como alma para trascender tu ansiedad.

En el octavo paso, que se centra en los nuevos comienzos a través del poder del rejuvenecimiento, puedes bailar para alejar la ansiedad.

En el noveno paso, vinculado al poder de la intención, puedes escribir tu intención de avanzar en tu crecimiento espiritual y así reducir tu ansiedad.

Y, por último, en el décimo paso, que gira en torno a celebrar la superación de los obstáculos en tu vida, puedes celebrar tu progreso hacia la liberación de tu ansiedad. Y entonces puedes empezar un nuevo ciclo, haciendo lo mismo pero de diferente manera, o puedes mezclar prácticas probadas y nuevas.

Lo mejor es hacer cambios en tu estilo de vida de modo gradual, para asegurarte de que puedes mantener los nuevos hábitos y gozar de los mayores beneficios posibles a lo largo del tiempo. Puedes volver a este libro una y otra vez como referencia para acceder a la divinidad que vive dentro de ti.

A medida que avances, no te preocupes si no puedes realizar tu(s) práctica(s) todos los días. Simplemente establece la intención de ser constante en lo que has elegido y comienza de nuevo tan pronto como puedas. Esto te ayudará a evitar caer en el modo «todo o nada», y te beneficiarás de todos modos de vivir el proceso de transformación y de ampliar tu sentido de lo que es posible para ti, día a día y paso a paso. Aunque yo misma hago una práctica por día, me llevó más de una década llegar a este punto. Sé paciente y amable contigo, y encontrarás un ritmo que te funcione, tanto si creas un ciclo de nueve días como yo, como si eliges uno de nueve semanas o incluso uno de nueve meses después de experimentar con las ideas de este libro.

Te invito y animo a que desarrolles una práctica que te resulte adecuada y sea factible para ti, una práctica de la que puedas apropiarte. Comparto mis experiencias e historias acerca de cómo apliqué las diferentes prácticas a lo largo de once años como una guía para que tú también vivas de una forma más sana, empoderada y libre.

Acerca de mí

Experimenté por primera vez Navratri como catalizador de la transformación espiritual mientras estudiaba yoga, ayurveda y vedanta durante nueve años dentro de un linaje espiritual que se remonta a la India ancestral. Hoy dirijo mi propia organización, donde comparto las enseñanzas que he recibido con mis propias palabras y recetas, y con una inmensa gratitud por todo lo que he aprendido de los demás. La palabra *gurú* significa «disipador de la oscuridad», y durante muchos años me consideré ante todo una estudiante, incluso cuando empecé a enseñar y guiar a otros. Pero escribir este libro ha servido como un poderoso catalizador para mi propia transformación y ha culminado en el despertar de mi gurú interior: el único propósito que tiene una búsqueda espiritual.

Sigo aprendiendo y estudiando, porque cuanto más aprendemos de espiritualidad más nos damos cuenta de lo mucho que no sabemos. Esta dedicación constante a mis propios estudios también me capacita para dirigir y enseñar con sabiduría, humildad e integridad. Cuando me mudé a Nueva York en 2019, tuve la suerte de conocer a Swami Parthasarathy, un santo filósofo considerado uno de los principales exponentes de la filosofía vedanta. Comencé a estudiar en su organización, Vedanta World, el programa de estudio de vedanta de tres años, grabado en línea.

Es importante que los lectores nuevos en ayurveda, yoga y vedanta sepan que todo lo que aprendí de mi primer maestro y de Swami Parthasarathy se basa en la tradición oral, transmitida de maestro a alumno en linajes ininterrumpidos desde tiempos inmemoriales. La autoridad última de estas enseñanzas está contenida en textos sagrados de origen que fueron revelados divinamente a los sabios en lo profundo de sus meditaciones en la India ancestral.

Aunque siento un amor y respeto enormes por el conocimiento contenido en todos los textos, para mí el aspecto más importante de mis estudios ha sido encarnar y practicar lo que he aprendido. Es a través de la práctica aplicada del ayurveda, integrada con el yoga y el vedanta, que he podido sanar de traumas ancestrales, abuso en las relaciones de todo tipo, y trastornos alimentarios, recordando el poder de la diosa dentro de mí y el poder de mi propia alma.

Cada capítulo de este libro te guía a través del proceso de cómo encarné uno de los versos increíbles del Bhagavad Gita, un conocido texto espiritual védico. Las historias del Gita tienen lugar en un campo de batalla, que simbolizan las batallas que libramos en nuestra vida diaria. En este texto espiritual épico, el señor Krishna guía a su estudiante guerrero Arjuna para que luche contra sus primos corruptos por el bien de su reino, que ellos le arrebataron injustamente. Aunque Arjuna es un célebre guerrero, le atenazan el miedo y el apego ante la perspectiva de ir a la guerra porque no quiere hacer daño a los miembros de su familia y a su profesor de tiro con arco del otro bando. Para luchar –y ganar– esta batalla, el señor Krishna guía a Arjuna paso a paso para que, ante todo, gane la guerra de su interior conquistando sus deseos y reconectando con su Ser verdadero. Como Arjuna, yo también tuve que superar mis miedos y apegos a los miembros de mi familia y a los demás para descubrir mi Ser verdadero.

En las enseñanzas espirituales del vedanta, existe un término, *samsara*, que se refiere al océano interminable de nuestras fantasías autocreadas y proyecciones sobre la realidad, que crean nuestro sufrimiento. Antes de empezar mis estudios, estaba ahogándome en *samsara*, y este libro cuenta la historia de cómo llegué hasta las profundidades mismas del océano para descubrir en el fondo la perla de mi Ser verdadero. Así como cada capítulo enseña sobre un aspecto de Durga, cada capítulo también relata mi propio viaje personal de la oscuridad a la luz, para inspirarte y darte esperanza de que, aplicando la misma sabiduría ancestral a tu vida moderna, tú también podrás navegar con éxito por el océano de *samsara*, sea lo que sea que eso signifique para ti, y empezar a descubrir tu Ser verdadero.

Desarrollé este libro para ayudarte también a plantar semillas hermosas de prácticas nuevas que puedas integrar en tu propia vida, para cultivar tu propio jardín precioso de bienestar, de dentro hacia fuera. Las prácticas son cíclicas, infinitas y están diseñadas para encontrarte donde estés.

Me siento muy honrada y encantada de tenderte la mano para que te unas a un movimiento comunitario de bienestar y formes parte de una danza circular de vida sagrada y eterna. Deseo que enciendas una lámpara de esperanza brillante en tu corazón que despierte tu conciencia espiritual y tu determinación para que al final puedas alcanzar tu potencial divino y activar desde tu interior el propio poder radiante de tu alma.

CAPÍTULO 1

El poder de la práctica

El Ser no puede ser cortado, quemado, mojado ni secado.
El Ser es eterno, omnipenetrante, estable, inamovible y antiguo.

—BHAGAVAD GITA, capítulo 2, verso 24

Cultivar la estabilidad

La estabilidad significa muchas cosas para mucha gente, pero en el camino espiritual, es la capacidad de permanecer centrado en tu meta sin importar los obstáculos que surjan. La estabilidad está enraizada en el concepto de *shraddha*, un término sánscrito que representa la capacidad del intelecto para reflexionar sobre las enseñanzas, comprenderlas y hacerlas propias. Shraddha es la capacidad de adquirir conocimiento hasta convertirse en uno con él, hasta que la información conduzca a una transformación en tu vida, y el mero conocimiento se metamorfosee y se convierta en tu sabiduría viva y encarnada. En la práctica de Navratri, la estabilidad es la base de todo tu viaje. Por eso empezamos conectando con el aquí y ahora; tus pies tienen que estar bien apoyados en el suelo, literal y metafóricamente, para permitirte ascender aún más alto hacia el objetivo final de la iluminación espiritual.

Tener el poder de la estabilidad significa ser capaz de decir que sí a las personas, prácticas y situaciones que te ayudan en tu búsqueda de iluminación espiritual, y decir que no a lo que ya no te sirva. Pero cultivar la estabilidad no es algo que se haga una única vez antes de pasar a otra cosa. Al contrario, es un primer paso que darás una y otra vez mientras sorteas los altibajos inevitables de la vida. Por eso estar conectado con el aquí y ahora es el primer paso en el viaje de nueve pasos de la práctica del Navratri; es lo que permite que te comprometas hoy (y de nuevo en el futuro) a vivir una vida llena de propósito, abundancia, placer y liberación.

Cuando empecé a crear esta práctica, pensé en los concursos de parecidos a dioses y diosas que formaban parte de mi experiencia infantil de Navratri. Un año, mi madre y una amiga me disfrazaron de Radha, la diosa consorte del señor Krishna, que representa el poder de la devoción. Me envolvieron en un sari dorado y azul que dejaba al descubierto mi vientre y se sujetaba al moño de mi pelo. Me sentí mortificada al caminar sobre el escenario luciendo este extraño atuendo. Y me horroricé aún más cuando me anunciaron como ganadora, ya que tuve que posar para una foto con el ganador del concurso de parecido a Krishna.

Iniciar los nueve años de estudio espiritual basado en el linaje fue el comienzo de mis intentos por crear estabilidad en mi propia vida. Al embarcarme en lo que resultaría un viaje de una década hacia el bienestar verdadero, recordé aquellos concursos con una extraña mezcla de añoranza y perplejidad. Por fuera, me había parecido tanto a una diosa que había ganado un premio, pero por dentro, no sentía nada de la naturaleza divina de Radha. Tenía veinticinco años y estaba en mi primer año de estudios. Sabía que a los ojos de los demás parecía aplicada y serena, pero por dentro me sentía desconectada de mi Ser verdadero, temerosa de conocerlo y tener que afrontar el dolor que arrastraba por una infancia difícil. A medida que aprendía y estudiaba más durante esos primeros meses, me pregunté: «¿Y si ser como una diosa no tiene nada que ver con la apariencia y todo que ver con recrearme a mí misma de dentro hacia fuera? ¿Y si, en lugar de buscar fuera de mí misma, me dirigía en cambio a mi interior para encontrar mi poder y a la diosa que llevo dentro?».

Eso fue para mí el comienzo de una nueva vida, y empecé con la diosa Shailputri, a quien celebramos la primera noche de Navratri. Ella vive en tu primer chakra y te ayuda a conectar con el aquí y ahora cuando empiezas a equilibrarlo, como terminé haciendo yo, con prácticas de vida que son un refugio en medio de tantos cambios en la vida.

Conociendo a SHAILPUTRI

Shailputri era una princesa real, y su padre, Prajapati, era el rey de toda la humanidad. Invitaba a sus súbditos de todas partes a que se reunieran con él para celebrar festivales de todo tipo y, lo más importante, para servirle durante estas ocasiones sagradas.

Un día, Shailputri volvió a visitar a sus padres desde su hogar en el Himalaya, donde vivía con su marido, el señor Shiva, el dios de la transformación. Cuando llegó, su padre estaba organizando un gran *yajna*, una inmensa ceremonia con fuego en la que se iban a ofrecer todo tipo de cosas materiales, como frutas, flores, ropa y dinero. La idea era que todo lo que la gente soltara volviera a ellos multiplicado.

El mundo entero estaba invitado, excepto el señor Shiva. Al rey le avergonzaba que su yerno vistiera piel de leopardo, tuviera el pelo largo, se colgara una serpiente al cuello y se embadurnara la cara de ceniza. Prajapati solo podía ver que el señor Shiva era diferente; no reconocía que su yerno era la encarnación de la espiritualidad. No entendía que la serpiente que Shiva llevaba alrededor del cuello simbolizaba la conquista de su ego y ser el amo de su mente. No comprendía que el señor Shiva llevaba todo el sagrado río Ganges en su larga cabellera ni sabía de la gran penitencia y disciplina espiritual que el señor Shiva había realizado, junto con incontables vidas de contemplación y meditación.

La arrogancia e ignorancia de Prajapati indignaron a su hija, y ella enfrentó a su padre: «¿Por qué no has invitado a mi esposo? Has preparado un gran fuego para ir al cielo, tener buen karma y obtener más bendiciones materiales, ¡pero esto no tiene nada de espiritual!».

Shailputri se acercó al fuego para inmolarse como forma de protesta por la hipocresía de su padre, pero en realidad no necesitó meterse dentro de las llamas. Se limitó a decir «om» y fue consumida por el fuego interior todopoderoso de su deseo de una nueva vida, en la que pudiera vivir con un verdadero sentido de devoción y espiritualidad. Renació entonces como la hija de los Himalayas y continuó su viaje espiritual libre de los apegos a las cosas materiales que la habían retenido como hija del rey.

Nuestro deseo de transformación genuina en el mundo moderno no es menos intenso que el de Shailputri y nos conecta con ella y su historia a través de los milenios. Ciertamente, la idea de empezar de nuevo sin las partes de nuestra vida que nos impiden avanzar es enormemente atractiva. Y, sin embargo, nos cuesta comenzar el proceso de transformación porque para tener éxito en este empeño, debemos desprendernos de aspectos de nuestra vida que ya no nos sirven. Parece algo dramático, y lo es, pero debemos destruir nuestras viejas costumbres para recuperarnos a nosotros mismos y dar la bienvenida a una forma de vida más espiritual.

Ahí es donde entra en juego la estabilidad. Si nos despojamos de los marcadores externos de quiénes somos –el trabajo, la vestimenta, la pareja, etc.– nos quedamos con nuestra esencia. Cuando conectamos con esa esencia, podemos por fin, tras años de centrarnos en lo externo, hallar la paz encontrando la estabilidad interior. Shailputri es la encarnación perfecta de esta cualidad, que surge de una firme resolución y voluntad de renunciar a la facilidad en pos de una búsqueda espiritual. Puede que avanzar en este recorrido no sea fácil, pero con tiempo, constancia y determinación, conectarte con tu estabilidad interior y nutrirla creará una forma de bienestar nueva y más profunda. Tal es el poder de Shailputri.

Además de representar la estabilidad, la diosa Shailputri también es una encarnación divina de nuestra madre tierra perfecta. A lo largo del resto de este capítulo, me refiero a la madre tierra, la madre naturaleza y Shailputri de modo indistinto porque es la protectora de todos los seres vivos: humanos, animales, pájaros, árboles y todo lo demás, incluidos tú y yo. Como de niña nunca me sentí segura ni protegida, me encantó aprender sobre Shailputri, y he llegado a pensar en ella como una protectora que siempre me cubre las espaldas cuando me enfrento a pruebas y tribulaciones. Es una verdadera amiga, sólida como un árbol, y puedo confiar en ella plenamente y para siempre.

ESTABILIDAD Y EL PRIMER CHAKRA

El poder de la estabilidad está relacionado con el primer chakra (conocido como el «chakra raíz»). Se dice que se encuentra en la base de la columna vertebral. Ahí es donde se activa la energía espiritual, y de allí asciende hacia los chakras superiores, donde conduce a la experiencia definitiva de la iluminación. Este primer «chakra raíz» está asociado con el elemento tierra y el sentido del olfato. Cultivar el poder de la estabilidad equilibrando este primer chakra te trae el beneficio de una buena salud, junto con una base sólida para poder seguir progresando en tu viaje espiritual.

A Shailputri se la representa montada en un toro, que simboliza la estable solidez de su arraigo y lleva una flor de loto. Una hermosa manera de visualizar tu chakra raíz es como si fueran las raíces de un loto. En las tradiciones de sabiduría orientales, el loto es un símbolo poderoso del despertar de tu poder espiritual. Para que el loto del conocimiento espiritual florezca en tu vida, tienes que asegurarte de que sus raíces estén firmemente enterradas. En tu cuerpo, tienes que sentirte firme y cultivar «raíces» fuertes y estables para que tu energía pueda elevarse a los chakras superiores.

Realizar una evaluación

Durante la mayor parte de mi vida, no me parecía en nada a Shailputri. Cuando terminé la universidad y empecé a trabajar en comunicaciones de marketing en Nueva York, me sentía agotada por un estilo de vida que me tenía en marcha las veinticuatro horas del día, siete días a la semana. Todo lo que se suponía que debía darme paz, bienestar y alegría ya no funcionaba. Sabía que necesitaba un cambio, y con frecuencia añoraba una especie de renacimiento, aunque no sabía muy bien lo que eso significaba.

Primero pasé seis meses estudiando yoga y ayurveda en la India, y luego me mudé a California y empecé a enseñar yoga y meditación a jóvenes en centros de detención juvenil. Durante casi dos años, me centré en sanar a los demás y reprimí mi propio dolor con estrategias de afrontamiento negativas que solían empeorar las cosas. Aunque veía que emocionaba a otros a través de mis enseñanzas, me estaba ocultando, no solo de mí misma y de los demás, sino también de mis padres, que desaprobaban el giro profesional que había dado pasando del mundo de los negocios al de las organizaciones sin ánimo de lucro.

Antes de crear y empezar esta práctica de modo formal, había peregrinado en Estados Unidos, España, Australia y la India en busca de respuestas a mis retos. No podía dormir por la noche, me costaba digerir la comida y sufría dolores misteriosos, así como de un torbellino de pensamientos ansiosos. Aunque yo no lo sabía en ese momento, tener un chakra raíz en desequilibrio significa que uno siente regularmente mucho de lo que yo sufría. El miedo, la ansiedad y los recuerdos intrusivos pueden afectar a algo más que a la mente. Físicamente, un chakra raíz en desequilibrio puede causarte problemas de colon, vejiga e intestinos, así como dolor lumbar y molestias en las piernas o los pies. Los trastornos alimentarios son un signo claro de desequilibrio del chakra raíz. Un sentimiento general de inseguridad también puede indicar que tu chakra raíz necesita equilibrarse.

Como yo, puede que sepas que necesitas hacer las cosas de otra manera, que tus viejos patrones ya no te sirven, y que incursionar a medias en hábitos nuevos y más saludables no te va a llevar realmente adonde quieres estar. Tal como el proceso de cambio empezó para mí, anhelaba algo más profundo, algo que me diera sentido y estructura, algo que me permitiera vivir una vida con propósito, sin abandonarme a mí misma en el proceso. Ya sea consciente o inconscientemente, volví a Navratri y al poder de las diosas que había celebrado durante mi infancia.

El primer paso fue evaluarme mí misma, mirarme en el espejo para poder verme realmente, tanto lo positivo como lo negativo. Quizá conozcas esa sensación mientras pasas por tus propias experiencias en la vida, buscando una época o incluso un momento en el que te sintieras completa. Tal vez gastes más energía de la que quisieras en ocultar experiencias o sentimientos negativos o incluso traumáticos que sabes que debes afrontar. Tal vez estés mirando al futuro y esperando ser más feliz contigo mismo, en las relaciones y en el trabajo, pero no estás muy seguro de cómo empezar ese proceso. En este capítulo, te mostraré cómo.

Preguntas que debes tener en cuenta cuando evalúas cultivar el poder de la estabilidad:

1. ¿Qué tipo de actividades físicas me hacen sentir fuera de control (por ejemplo, procrastinar, hablar demasiado, beber alcohol, tomar drogas, ver demasiada televisión, navegar por Instagram demasiado tiempo, hacer demasiado ejercicio, viajar mucho, etc.)?
2. Cuando realizo actividades que me hacen sentir fuera de control, ¿cómo me siento física y emocionalmente?
3. ¿Cómo me sentiría si tuviera una vida más estable?
4. ¿Existe algún tipo de dolor que mi dispersión esté ayudándome a evitar? ¿Puedo ponerle nombre para empezar a procesarlo?
5. ¿Cómo podría beneficiar mi salud y bienestar espiritual el desarrollar más estabilidad en mi vida?

Iniciar una práctica

Sin conectarse con el aquí y ahora desde el punto de vista físico y práctico, es difícil acceder a tu ser espiritual para hacer el trabajo arduo y silencioso que requiere conocer la sabiduría de tu propia alma y confiar en ella. Tú ya tienes todo lo que necesitas para sanarte a ti mismo. Una vez que empieces a prestarle atención al sonido de tu voz interior, la diosa Shailputri puede hablarte y consolarte, como lo hace conmigo. Es cuestión de confiar en ti mismo y creer que la majestuosa belleza y el poder de la diosa Shailputri vive dentro de ti.

Si alguna vez has intentado empezar algo nuevo, eres consciente de lo difícil que puede ser convertirlo en un hábito constante. Sin embargo, cuando te ciñes a una práctica espiritual o de bienestar, la misma práctica te ayuda a superar los retos de la mente y el cuerpo y puede ayudarte a evolucionar espiritualmente. Lo que sigue es mi proceso para iniciar e integrar el tipo de prácticas nuevas que me han resultado extremadamente útiles para incrementar mi propio bienestar.

Establece una intención y escríbela

Siempre que hago esto, suelo mirar fijamente a una página en blanco durante algún tiempo hasta que me llega la inspiración. Una vez que hayas pensado en tu intención y la hayas escrito, vuelve a ella leyéndola y releyéndola con frecuencia.

Establecer intenciones por escrito ha sido una de las herramientas de transformación personal más potentes de mi vida. Cuando escribo mis intenciones, me doy cuenta de que recibo oportunidades en mi vida para hacerlas realidad. Por lo general, esto significa que me enfrento a los retos exactos que necesito para rendirme continuamente al poder de mi intención, para superar los obstáculos en mi camino.

Cuando por fin decidí que ya era suficiente, establecí una *sankalpa*, o una intención profunda para:

> «Encontrar la fuerza para soltar lo que hay que soltar,
> el valor para recuperar lo que hay que recuperar,
> y la sabiduría para aferrarme solo a lo que es eterno
> e inmutable».

No tenía ni idea de cómo iba a encontrar la fuerza que sabía que necesitaba para sanar y liberarme de mi trauma pasado. Simplemente sabía que estaba decidida a hacer lo que fuera necesario, así que me rendí ante la diosa en mi corazón y declaré: «Estoy lista».

Busca apoyo

Emprender un viaje interior es una decisión valiente, así que, si hay alguien que te anima a vivir la vida a tope, acércate a él para compartir tus intenciones. En los programas en línea de mi organización, asignamos a cada estudiante un amigo comunitario, para que a pesar de lo grandes que sean sus temores, nunca esté solo en su búsqueda.

El día que proclamé al universo que estaba dispuesta a sanarme, me sentí extremadamente vulnerable. Hasta entonces, rara vez había hablado de mis experiencias dolorosas, pero ese día compartí la historia de mi vida con mi amigo Mitchell. Yo siempre había sido la roca en la que se apoyaban mis amigos y mis comunidades, y solía crearles el espacio a otros y escucharlos con compasión. Pero ese día me di permiso para recibir una escucha compasiva y profunda, y me sentí muy apoyada por la bondad de Mitchell. Para cuando me dejó en mi apartamento aquella noche, había empezado a sentir una nueva fuerza interior.

Retírate hacia dentro

Cuando empiezas a adoptar la práctica de conectar con el aquí y ahora, no importa si trabajas a jornada completa. Retirarse hacia dentro significa decirles que no a las cosas innecesarias de tu vida, como el trabajo extra, los compromisos sociales y los viajes. También significa reservar tiempo para la soledad, aunque solo sea de diez a quince minutos al día. Este tiempo te da espacio para centrarte en reprogramar tus patrones.

Para mí fue importante retirarme de la enseñanza para convertirme en una mejor estudiante. Ahorré lo suficiente para tomarme un mes de vacaciones antes de buscar una nueva forma de ganarme la vida que me permitiera tener más flexibilidad en mi horario diario.

Limité mis interacciones con el afuera a un par de llamadas telefónicas y a un compromiso social a finales de mes. Al principio me intimidaban los períodos extensos de silencio (¡cómo deseaba que algo llenara ese silencio!), pero resistí el impulso de distraerme con ruido y, al final, el período prolongado de silencio y soledad fue lo que me dio el espacio seguro que necesitaba para sentir el miedo, la rabia, la tristeza, la culpa y el pesar por todas las formas en que me había provocado daño a mí misma a lo largo de los años, descuidándome.

Siente todas tus emociones

Esta es una parte muy importante de la transformación espiritual, para asegurar que las prácticas que adoptes contribuirán a tu evolución y para evitar pasar por alto el aspecto emocional de la transformación. Las lágrimas son increíblemente purificadoras y terapéuticas. Hay que reconocer los sentimientos, abrazarlos e idealmente liberarlos a través de lágrimas sagradas.

Me sentí liberada por los sollozos intensos y ruidosos que solté durante aquellos primeros meses de cambio. Seguí quitándome capas de miedo, duda, confusión y ansiedad gracias a la escritura. Me di permiso para escribir libremente, dejándome llevar por el libre flujo de la conciencia. Escribí mis recuerdos. Registré escenas retrospectivas de experiencias dolorosas en las que me sentí violada y temí por mi vida. Naturalmente, esto me llevó a llorar aún más. En lugar de contener las lágrimas para evitar incomodar a otros, en mi soledad me di espacio para que las lágrimas fluyeran. Y, efectivamente, fluyeron. En abundancia.

Aplica la práctica

La mera adquisición de conocimientos no transforma tu vida. Es posible leer libros espirituales, escuchar conferencias espirituales inspiradoras, e incluso escribir libros espirituales y dar conferencias espirituales y aun así no ser espiritual.

Para aplicar una práctica, puede que necesites, como primer paso, invertir en ciertas herramientas nuevas, como alimentos, especias, hierbas, aceites, un despertador, bolígrafos o papel. También tendrás que dedicar tiempo a reflexionar sobre los pasos prácticos que necesitas realizar para aplicar una práctica. Por ejemplo, si te esfuerzas en acostarte antes para levantarte más temprano, ten en cuenta las actividades y distracciones que te mantienen despierto hasta tarde. ¿Puedes empezar esas tareas más temprano o eliminarlas por completo? Si cocinar te parece intimidante, ¿en qué herramientas (como una olla multifunción eléctrica) puedes invertir para facilitar el proceso? Dedicar tiempo a estas cuestiones prácticas y logísticas te ayudará a prepararte.

En mi caso, una de las primeras decisiones que tomé fue empezar a comer alimentos que me nutrieran mejor. Eso significaba desechar la comida basura que quedaba en mi despensa. Me deshice de las patatas fritas con sabor a salsa, los *pretzels* y otros tentempiés apetecibles, eliminando las tentaciones con el fin de sentar las bases de nuevos hábitos. Comer alimentos más nutritivos hizo que me sintiera mucho más conectada física y mentalmente para poder ahondar en mi interior y observar los traumas que había sufrido en mi vida con una lente más empoderadora.

Aplicar algo equivale a tener poder.

Aplicar algo equivale a tener poder. Aplicar lo que has aprendido en el laboratorio de tu propia vida es la manera de transformar el conocimiento en sabiduría y poder, demostrando las enseñanzas con tu propia experiencia personal.

Como Buda reveló una vez:

> No creas en lo que has escuchado.
> No creas en la tradición porque se haya transmitido por generaciones.
> No creas porque las afirmaciones escritas
> provengan de algún viejo sabio.
> No creas en las conjeturas.
> No creas en la autoridad ni en los maestros ni en los ancianos.
> Pero después de una cuidadosa observación y análisis, cuando concuerde con la razón y beneficie a todos y cada uno, entonces aceptalo y vive de acuerdo con ello.

Cuando aplicas el conocimiento, se convierte en tuyo. Una vez que las verdades profundas de la vida se manifiestan en cada uno de tus pensamientos, palabras y acciones, estás llevando una vida espiritual. Este tipo de vida te libera.

Sé constante

El crecimiento espiritual se mide por la estabilidad de tu mente. La estabilidad surge con la constancia. Se necesita un esfuerzo constante y persistente para tener el cuerpo y la mente estables, y poder sentir tu fuerza y poder espirituales. Antes de elegir una o dos prácticas, reflexiona acerca de la posibilidad de continuarlas de modo constante. Afortunadamente, muchas de las prácticas que comparto en este capítulo (¡y en este libro!) llevan menos de quince minutos. ¡Y muchas, de tres a cinco minutos!

Además, puede que incluso descubras que estas prácticas te dejan más tiempo libre en tu vida para hacer más de lo que te gusta, porque aumenta la calidad de *sattva* (claridad mental, pureza y tranquilidad) en tu vida diaria. Muchas veces, cuando tenemos más *rajas* (agitación mental y estrés debido a hacer demasiadas cosas, demasiado rápido) y *tamas* (inercia mental que nos hace sentir atascados, inactivos, confundidos y en conflicto). logramos hacer menos cosas que si nuestra mente estuviera tranquila y serena. Al realizar estas prácticas, la mayor sensación de calma que sientas te ayudará a emprender una cuota equilibrada de acción, con una mente clara y centrada.

La mejor manera de describir mi retiro espiritual de un mes fue como un renacimiento intenso. Cada vez que me sobreponía a mi resistencia a la práctica, me sentía heroica. Cada vez que me permitía sentir mis emociones sin intentar bloquearlas, sentía alivio. Cada victoria me impulsaba a más victorias. Aunque seguía sufriendo mucho por dentro y mis vulnerabilidades estaban siempre presentes, sentí que me transformaba en una guerrera espiritual.

Para dar paso a lo nuevo, tenemos que soltar y destruir lo viejo, como hizo Shailputri cuando se metió en las llamas. Así es como ocurre el proceso de purificación del ego. Además de una flor de loto, Shailputri lleva un tridente. Las tres puntas de su tridente representan los poderes divinos de creación, mantenimiento y destrucción. Todos estos son relevantes al comienzo de un proyecto nuevo, como el inicio de tu viaje espiritual. Para crear algo nuevo, también debes soltar e incluso destruir partes de tu pasado que ya no te sirven, para hacer lugar para crear y mantener una vida saludable nueva. Esto incluye pensamientos nuevos, creencias y valores que deseas adoptar, hábitos que deseas cultivar y un estilo de vida que deseas crear, los cuales desarrollarás a lo largo de tu viaje con este libro y que comienzan con el poder de la estabilidad.

El camino a seguir: prácticas para lograr la estabilidad

Las prácticas de esta sección destinadas a conectar con el aquí y ahora te ayudarán a equilibrar tu primer chakra (raíz) forjando un elemento tierra sano en tu cuerpo, que luego se traslade a una mente más sana, ya que el cuerpo y la mente están profundamente interconectados. La diosa Shailputri también es conocida como la madre tierra, por lo que todas estas prácticas te ayudan a restaurar tu conexión con la naturaleza como tu propia madre, que puede nutrirte y cuidarte cuando te alineas con sus ritmos eternos.

Una gran maestra de la naturaleza durante las estaciones de inestabilidad e incertidumbre es la montaña, que está llena del elemento tierra, encarnado por la diosa Shailputri. «Sólida como una roca» es una buena forma de describir este elemento, y también puede verse la solidez de la tierra en las raíces firmes de los árboles, la dureza de los frutos secos y la propiedad de echar raíces que tienen los vegetales que crecen bajo tierra. En tu cuerpo, el elemento tierra se expresa en la piel, los huesos, las uñas, los dientes, el pelo y los tendones.

El elemento tierra te da el poder de la perseverancia, que se convierte en estabilidad y la sensación de estar conectado con el aquí y ahora en tu chakra raíz. Las siguientes prácticas para equilibrar el primer chakra te darán estabilidad y te ayudarán a despertar el poder de la diosa Shailputri.

PRÁCTICA: *Agradece a la diosa Shailputri cada mañana para conectar con la madre tierra.*

Hay un mantra especial de gratitud a la diosa Shailputri, nuestra hermosa madre tierra, que puedes simplemente recordar o cantar cuando te despiertes cada mañana. Los mantras son como una medicina espiritual que te ayuda a superar pensamientos repetitivos que drenan tu energía, para que puedas estar más estable y presente en cada momento. La palabra *mantra* en sí procede literalmente de dos palabras sánscritas: *tra*, que significa «proteger», y *man*, la «mente pensante».

Me encanta cantar este mantra antes de poner un pie en el suelo. El significado del mantra de gratitud a la madre tierra reconoce a la naturaleza como la diosa Shailputri, que «tiene el océano como su vestido y las montañas como sus pechos. Te pedimos perdón por tocarte con nuestros pies».

Samudra vasane devi [se pronuncia samu-DRA-vas-NEI-dei-vi]
Parvata stana mandale [PAR-vata stana MAN-dale]
Vishnu patni namastubhyam [VISH-nu pat-NI na-MAS-tu-bhi-AM]
Paada sparsham kshama-svame [PAA-da spar-SHAM sha-MA-sva-ME]

La meta del yoga es la unión sagrada de tu ser individual con el universo. Cuando cada día reconoces tu interconexión con la diosa Shailputri como madre naturaleza de maneras sencillas, como diciendo incluso «Gracias, madre tierra» antes de poner un pie en el suelo, adquieres paulatinamente una conexión más profunda con la madre naturaleza y todas sus criaturas, grandes y pequeñas. La gratitud es lo contrario del miedo, la ansiedad y la inseguridad. Dar las gracias cada día transforma los pensamientos desestabilizadores y las fobias en optimismo, satisfacción y una profunda sensación de conexión con el presente, que realmente equilibra tu chakra raíz.

PRÁCTICA: ***Detente y huele las caléndulas para obtener calma y estabilidad instantáneas.***

Activar el sentido del olfato es una forma sencilla y fácil de aliviar la ansiedad, el miedo y las preocupaciones. Detenerse a oler las caléndulas tiene un efecto estabilizador en tu mente, ayudándote a volver al momento presente. Las rosas, las caléndulas y el jazmín tienen aromas que, según los textos antiguos, calman e invocan claridad mental y estabilidad. Me encanta imaginarme a la diosa Shailputri rodeada del olor de esas flores mientras inhalo su aroma para equilibrar mi primer chakra.

PRÁCTICA: ***Encarna a la diosa Shailputri en la postura de la montaña.***

Adoptar la postura de la montaña es una práctica sencilla para conectar con el aquí y ahora, especialmente si estás lidiando con mucha ansiedad e inseguridad. Empezar las mañanas con la postura de la montaña puede ayudarte a afrontar los hechos imprevisibles del día con firmeza y estabilidad, como la majestuosa diosa Shailputri, sobre todo si enfocas la práctica con esta intención.

Conecta con la madre tierra desde el suelo hacia arriba. Cierra los ojos mientras estás de pie y visualiza una montaña y su estabilidad. Luego puedes afirmar que «soy estable como una montaña» y «estoy seguro en mi interior». Las afirmaciones y la postura conectan con el espíritu de la diosa Shailputri, que reside firmemente en tu primer chakra.

A continuación, apoya bien los pies en el suelo, mantente erguido, firme y fuerte, con los hombros hacia atrás. Fija la mirada en el horizonte. O mírate a tus propios ojos en un espejo. Respira profundamente varias veces hasta que te sientas más seguro, estable y fuerte.

PRÁCTICA: ***Siente la estabilidad de la diosa Shailputri en la postura del árbol.***

La postura del árbol es una práctica excelente para fijar y equilibrar tu primer chakra, así como para estabilizar las piernas y los pies (cualquier molestia en estas partes del cuerpo es una señal clara de desequilibrio del primer chakra). Los estudios han demostrado que la práctica de la postura del árbol tiene efectos positivos sobre el equilibrio, la estabilidad y la coordinación física general.

Comienza con la postura de la montaña (para ver detalles, consulta la descripción anterior). Cierra los ojos e imagina tu árbol favorito. Puede ser un árbol al que solías trepar durante la infancia. A mí personalmente me encanta imaginarme la higuera bajo la cual el Buda alcanzó la iluminación. Aunque aún no lo he visto en la vida real, sus grandes raíces y ramas extendidas sugieren comodidad y seguridad.

Los árboles inspiran porque son estables; están firmemente hundidos en la tierra. Al apoyar un pie de forma segura en el suelo, siente que te afirmas más profundamente en la tierra. Imagina que estás tan conectado con el aquí y ahora como la diosa Shailputri, que nada puede sacudir tu determinación. Desde este lugar de determinación interior, levanta lentamente la pierna opuesta y coloca el pie sobre la pierna apoyada, por debajo o por encima de la rodilla, pero nunca justo encima de esta.

Mantén las manos juntas, con los pulgares tocando el corazón, y luego extiéndelas por encima de la cabeza. Mientras te aguantas sobre una pierna, contempla cómo puedes ser como la diosa Shailputri y vivir con una mayor determinación de conocer tu Ser verdadero.

PRÁCTICA: *Apóyate en la madre tierra con los pies.*

Puedes despertar a la diosa Shailputri a través de las plantas de tus pies, uno de los principales lugares del chakra raíz. Esta práctica estabilizadora tiene un efecto calmante para cualquiera que se sienta desconectado con el aquí y ahora, ansioso o inseguro. La naturaleza suele ser la mejor manera de generar una sensación de refugio, seguridad y protección.

Quítate los zapatos y camina por la naturaleza, idealmente cerca de una masa de agua, como el océano, un lago, un río o un arroyo. Mientras caminas descalzo, siente la conexión entre las plantas de los pies y la tierra por debajo. Hunde aún más los pies. Cierra los ojos si puedes y deja que la energía estabilizadora de la manifestación de la diosa Shailputri como madre tierra calme tus preocupaciones y temores mientras trae equilibrio a tu chakra raíz a través de tus pies.

> Permítete ir más despacio.

Permítete ir más despacio. Experimenta haciendo que tus pasos sean lo más ligeros que puedas, apenas tocando la superficie de la arena, la tierra o la hierba. A continuación, comprueba cómo se siente pisar con firmeza, quizá permaneciendo en un lugar durante algún tiempo. Respira profundamente por la nariz. Experimenta la libertad de viajar, por largo o breve que sea, sin distracciones. Deja el teléfono adentro o apágalo. Desconéctate del mundo exterior y conéctate con tu mundo interior, donde reside la diosa Shailputri.

PRÁCTICA: ***Aplícate aceite en los pies antes de acostarte para dormir profundamente.***

Aceitarse los pies antes de dormir es una práctica excelente para mejorar la estabilidad, sobre todo si sufres dolores de cabeza, mareos, insomnio o pesadillas. Como los pies tienen muchos centros de energía sutil (llamados los *puntos marma* en ayurveda) que alivian el insomnio y el estrés, aplicarse aceite en los pies antes de acostarse te ayuda a conseguir el sueño más profundo y menos perturbado posible. Calienta aceite de sésamo (en estaciones frías) o aceite de coco (en estaciones cálidas) y frótate los pies con él. Asegúrate de hacerlo lentamente para aliviar el estrés y la tensión en los pies. Masajea entre cada uno de los dedos de los pies, presiona con fuerza las plantas y haz movimientos circulares alrededor de las articulaciones de los tobillos.

Sneha es una palabra sánscrita que significa «aceitar». *Sneh*a también significa «amar», lo que la convierte en una práctica hermosa para despertar el amor de la diosa Shailputri en las plantas de tus pies.

PRÁCTICA: ***Establece un horario para dormir más saludable.***

Cuando hablamos de despertar a la diosa Shailputri dentro de ti, el acto literal de despertarse (e irse a dormir) de manera regular es beneficioso no solo para tu estabilidad física, sino también para tu evolución espiritual. Una señal de un chakra raíz desequilibrado es el insomnio. No poder conciliar el sueño o no dormir toda la noche afecta tu nivel de energía durante el día. También afecta tu digestión.

Cuando te levantas temprano y te acuestas temprano (lo ideal son las seis de la mañana y las diez de la noche, respectivamente), es posible dormirse y permanecer dormido más fácilmente que a otras horas. Este ciclo de sueño también estabiliza la digestión y facilita la eliminación por la mañana, por lo que esta práctica es especialmente útil para quienes sufren estreñimiento. También despierta una cualidad de la mente que es pacífica, clara, serena y estable (conocida como *sattva* en sánscrito).

El propio sueño se describe en antiguos textos de sabiduría como Shailputri, una diosa madre que estabiliza el ser de dentro hacia fuera. Cuando te despiertas (idealmente) antes que el sol, puedes ser testigo de la transición de la oscuridad a la luz, un símbolo del viaje espiritual que emprendes hacia la iluminación durante Navratri. Levantarse temprano anima el espíritu. En la antigüedad, todos los yoguis y meditadores se levantaban temprano para realizar prácticas espirituales, ya que el momento anterior al amanecer se considera el más sagrado y auspicioso del día para recordar la divinidad que vive dentro de ti.

Si despertarte con el sol supone un cambio demasiado grande para ti, haz la transición de tu reloj corporal gradualmente, en intervalos de quince minutos, para que con el tiempo puedas dormirte a las diez de la noche y despertarte a las seis de la mañana. La sabiduría holística ancestral sugiere que garantiza la mejor calidad de sueño posible, lo que mantiene fuerte a tu sistema inmunológico, favorece la digestión y te ayuda a ser receptivo del conocimiento espiritual.

PRÁCTICA: ***Sumérgete en los rayos estabilizadores de la madre luna.***

La energía lunar es energía femenina, perteneciente a las diosas, mientras que la solar es más activa y masculina. La energía de la luna ayuda a calmar tu mente y tu cuerpo, y aumenta los sentimientos de receptividad, suavidad, serenidad y comodidad. Absorber los rayos de la luna es una forma de absorber la presencia maternal, cariñosa y centrada de la diosa Shailputri. Toma un paseo a la luz de la luna, o si es posible, siéntate o incluso duerme bajo la luz de la luna como un excelente antídoto contra la ansiedad, los pensamientos obsesivos, las reacciones exageradas, el estrés, el miedo y la preocupación.

PRÁCTICA: *Come más alimentos que te conecten con el aquí y ahora como una ofrenda a la diosa Shailputri.*

Cuando consideras que tu cuerpo es tu templo, el tipo de alimentos que le ofreces es importante para tu práctica espiritual, así como para tu estabilidad física y mental. Si consideras que la diosa Shailputri vive dentro de ti, querrás comer alimentos estabilizadores que despierten su poder de estabilidad.

Existen tres tipos de alimentos en la filosofía del yoga. *Los alimentos que inducen la inercia* hacen que sea prácticamente imposible equilibrar tu primer chakra y despertar a la diosa Shailputri dentro de ti. *Los alimentos que fomentan la inquietud* aumentan la ansiedad, la inestabilidad y la inseguridad. *Los alimentos puros* te ayudan a conectar con la diosa en tu interior y equilibrar tu primer chakra. Conviene comer menos alimentos que inducen a la inercia y fomentan la inquietud y consumir más alimentos puros que te ayuden a conectar con el aquí y ahora y lograr una estabilidad general.

Los alimentos enlatados, procesados y congelados inducen a la inercia. El consumo excesivo de carne (sobre todo de carne de vacuno y cerdo, que tienden a permanecer en el estómago y causan dificultad para moverse después de comer) e incluso las setas y ciertos quesos (como el queso azul) también causan letargo y te quitan energía. Estos alimentos también suelen provocar estreñimiento.

Los alimentos que fomentan la inquietud son los que te hacen sentir ansioso, nervioso, preocupado y temeroso. Entre ellos se encuentran las especias picantes que provocan ardor, como las salsas de chile, el exceso de ajo, el jengibre, la pimienta negra y otras especias picantes. Estos alimentos pueden provocar trastornos digestivos, como heces blandas, estreñimiento o diarrea y estreñimiento alternado, que desestabilizan el chakra raíz.

Los alimentos puros te dan estabilidad física y mental. Siempre siento que estoy haciendo una ofrenda sagrada a la diosa Shailputri cuando como alimentos puros, que están llenos de *prana* (la «fuerza vital» yóguica) y son de temporada. Se pueden encontrar alimentos de temporada en los mercados agrícolas locales o en organizaciones agrícolas apoyadas por la comunidad (conocida como CSA por sus siglas en inglés). Las verduras y frutas ecológicas de temporada le dan a tu cuerpo fuerza y estabilidad. Cocinar ligeramente las verduras de temporada y las legumbres con ghee (mantequilla clarificada) y las especias aromáticas y suaves como el comino, las semillas de hinojo y la cúrcuma mejoran sus propiedades estabilizadoras, permiten el despertar de la diosa Shailputri y equilibran el primer chakra.

Cada una de estas prácticas es una oportunidad de conectar con el poder de la estabilidad que simboliza la diosa Shailputri. A partir de este momento, esta conexión y purificación servirán como base para el resto de tu viaje espiritual de Navratri.

CAPÍTULO 2

Canalizar tu energía

Aquello que es como néctar al principio termina
siendo como veneno al final.
Aquello que es como veneno al principio termina
siendo como néctar al final.

—**BHAGAVAD GITA, capítulo 18, versos 37-38**

Cultivar la creatividad

Cuando escuchas la palabra *creatividad*, es posible que pienses inmediatamente en pintar, escribir o alguna otra actividad artística, pero desde una perspectiva espiritual, el significado de la creatividad representa algo más íntimo y personal. Dentro del viaje de Navratri, que consta de nueve partes, la creatividad describe la energía que necesitas para crearte (o recrearte) a ti mismo y concebir de modo consciente el tipo de vida que esperas llevar. Si diste el primer paso para conectar con el aquí y ahora el primer día de la práctica de Navratri, el siguiente paso es considerar cómo estás empleando tu energía.

La tradición espiritual védica se construye sobre la base de *brahmacharya*, que en la práctica se refiere a abstenerse del sexo, pero también remite a seguir el camino que conduce a experimentar Brahman (la conciencia superior o tu propio Ser divino). La práctica de la abstinencia puede aplicarse en muchos ámbitos, como abstenerse de comer alimentos perjudiciales para la salud, descansar de la pantalla o interrumpir las relaciones tóxicas. El proceso de desapego de estas experiencias sensoriales y del deseo de ellas comienza con un período de abstinencia de lo que más queremos, un proceso que nos permite recalibrar y determinar cómo seguir adelante con la mente despejada.

Un astrólogo védico describió una vez al hombre con el que yo estaba destinada a casarme y también me dijo cuándo lo conocería. Si hubiera seguido su consejo (el hombre, para mi asombro, llegó a mi vida cuando el astrólogo dijo que lo haría), me habría divorciado según otros astrólogos védicos que consulté después. En lugar de eso, le dije durante nuestra breve y apasionada relación que quería ahondar en mi *brahmacharya*, algo que había practicado de modo intuitivo con más facilidad antes de conocerlo. Aunque físicamente disfrutaba estando con él, mi alma no estaba satisfecha, ya que él transgredía mis límites físicos, bebía mucho alcohol y no podía controlar su rabia explosiva, que descargaba conmigo. Como superviviente de abuso sexual, sabía que debía terminar esa relación para continuar sanándome del abuso sexual del pasado y recorrer el camino hacia la realización de Brahman, mi Ser verdadero.

Aunque *brahmacharya* implica regular todos tus sentidos, se concentra especialmente en la sexualidad, ya que en el acto sexual se involucran todos los sentidos, por lo que se considera el más difícil de controlar. Un antiguo texto ayurvédico aconseja mantener relaciones sexuales solo con alguien a quien apruebes en tu mente, que hable de modo respetuoso, viva según valores éticos, no sea sexualmente demandante y respete límites sanos. Mi experiencia con este hombre y darme cuenta de que estaba con alguien que me perjudicaba me motivó a retraerme. Aunque había estado practicando *brahmacharya* antes de conocerlo, la práctica había sido teórica. Solo después de terminar nuestra relación me di cuenta de lo fuerte que podía ser la atracción sexual y lo difícil que era controlarla incluso si vincularte con otra persona no te conviene.

En lugar de continuar con la relación, desarrollé un romance apasionado con mi Ser superior. Profundicé la práctica del ayurveda y el yoga para honrar mi cuerpo como morada de la diosa Brahmacharini, que es inviolable a cualquier tipo de abuso. Canalicé mi energía sexual escribiendo artículos y libros, y fui pionera en introducir el ayurveda en prestigiosas universidades, prisiones y otros lugares. Cuando nos separamos, la práctica de *brahmacharya* me ayudó a purificar mi relación con este hombre de tal modo que pude dejarlo ir con amor (para siempre) cuando nos cruzamos cinco años después de romper con él por primera vez. Descubrí, como muchos antes que yo, que *brahmacharya* es el pilar de mi fuerza. Me ayudó a superar traumas profundos, conectarme con mi propósito y ver la divinidad en mí misma y en todos los seres.

Tanto si te enfrentas a retos similares para reclamar tu energía tras experiencias de abuso como si quieres apartarte de distracciones sensoriales menos traumáticas pero igualmente significativas que te impiden vivir tu propósito, puedes recurrir a la diosa Brahmacharini para que te ayude a alcanzar un estado de purificación que brinde una conexión más profunda con tu propio poder verdadero.

Conociendo a BRAHMACHARINI

La leyenda de Brahmacharini es complicada y pone de manifiesto el desafío de utilizar la sabiduría tradicional en un entorno moderno. Sin embargo, si podemos comprender la historia *simbólicamente* en vez de *literalmente*, creo que ofrece muchas lecciones sobre cómo recuperar nuestro poder.

Tras inmolarse, Shailputri renació como Brahmacharini, hija del rey espiritual de las montañas de los Himalayas. En su nueva vida estaba decidida a casarse de nuevo con el señor Shiva, así que se dedicó a la práctica de *brahmacharya*, «el camino del autocontrol». Durante mil años, solo comió frutas y flores. Durante los cien años siguientes, solo comió verduras. Luego, durante tres mil años, comió hojas que caían de los árboles. Durmió en el suelo del bosque, bajo el inmenso cielo abierto, durante años para demostrar la disciplina que le daba el poder para identificarse con su verdadero yo. Al final de la historia, incluso dejó de comer hojas caídas.

La noticia de una disciplina tan férrea llegó muy lejos. El señor Brahma, padre del sabio Narada, se presentó ante ella. «Nadie ha cultivado *brahmacharya* como tú. La única manera en que pudiste haber soportado todas estas dificultades fue debido al amor puro y verdadero por el señor Shiva. Que seas bendecida con el señor Shiva como tu esposo también en este nacimiento».

Aunque esta historia puede parecer extrema, e incluso aterradora, no la veo como la historia de una diosa que lo dejó todo para casarse con un dios. En cambio, la entiendo como la historia de una buscadora de la verdad que renunció a todas las distracciones para fundirse con la verdad última. La historia de Brahmacharini y Shiva no pretende ser la historia de una relación romántica; Shiva es simplemente un símbolo del Ser verdadero. Es conciencia pura, el alma eterna, con la que nos esforzamos por fundirnos mediante el poder de la práctica espiritual.

Las diosas y los dioses pueden estar dotados de habilidades sobrehumanas, como vivir del aire, pero esto es solo para ilustrar, a través de la hipérbole, la intensidad de la disciplina espiritual que se requiere para conocer tu Ser verdadero. Esto es así porque solo cuando estamos afirmados en nuestro Ser verdadero, podemos realmente conocer y amar al Ser verdadero de otro, y gozar así la dicha de la unión verdadera.

Durante los nueve años de intensa disciplina espiritual que practiqué mientras aprendía estos saberes, pensé con frecuencia en la historia de la diosa Brahmacharini. Renuncié voluntariamente a novios y placeres sensuales durante aquel período para aprender a discernir qué personas y proyectos merecían mi tiempo y atención. Fue un viaje largo, difícil y solitario.

A lo largo de los años, Brahmacharini me dio la fuerza para someterme al proceso de purificación, para sortear todas las emociones que surgen en una pareja sin dejarme llevar por ellas. Ese es el poder de *brahmacharya.*

LA CREATIVIDAD Y EL SEGUNDO CHAKRA

El poder de la creatividad está relacionado con el segundo chakra («sacro»), situado en la zona de los órganos reproductores. Está asociado con la sexualidad (el poder de crear nuevos seres humanos), tus emociones, proyectos creativos e ideas. El segundo chakra se asocia al elemento agua y al sentido del gusto. Es fluido. Hay un aspecto acuoso de la sexualidad, en términos de fluidos sexuales, que son responsables de la chispa de la nueva creación. También cada una de tus emociones, que experimentas con la saliva acuosa de tu lengua, puede considerarse un sabor. El amor es el sabor dulce por excelencia. Algunas experiencias te dejan un sabor amargo en la boca y nos hace sentir amargura. O la acritud picante de la ira y la rabia. Cultivar la capacidad de canalizar las olas embravecidas de tu energía emocional y sexual en formas creativas y constructivas es el poder de la creatividad que aporta un segundo chakra en equilibrio.

Brahmacharini te apoya en el interminable océano de las emociones. Ella lleva un japa mala, una sarta de 108 cuentas esféricas, o un rosario de cuentas de oración en una de sus manos y un kalash, un pequeño recipiente de cobre que contiene agua, en la otra. Estos objetos bellos son armas que te apoyan en el viaje espiritual del autodominio. El japa mala te ayuda a concentrar tu energía en un único mantra que tradicionalmente se repite 108 veces (un mantra por cuenta) para canalizar tu energía en la positividad de las palabras del mantra. El kalash representa el potencial del elemento agua para limpiar y bendecir todo tu ser, incluso si tus emociones y tu sexualidad están turbias y confusas.

Hacer una evaluación

Aprender que la diosa Brahmacharini vive en mi segundo chakra me dio una sensación de seguridad y protección que nunca había sentido. El término sánscrito para el segundo chakra, *svadhishthana*, significa «la propia morada». Saber que una diosa vive en mi segundo chakra me enseñó a valorar mi hogar interior y mi sexualidad como un poder sagrado que solo debe ofrecerse a una persona digna de él. Este es el significado de *brahmacharya*, el camino para canalizar tu energía sexual en el camino espiritual para conocer tu Ser verdadero y ejercitar el discernimiento para que la expresión sexual siga siendo sagrada.

La práctica de *brahmacharya* posee muchos beneficios. Uno es la enorme fuerza de voluntad y autocontrol que adquieres. *Brahmacharya* aumenta tu creatividad y fortalece la estabilidad mental y física que aporta la diosa Shailputri en el primer chakra. Mejora tu cutis y te brinda una personalidad más magnética. El famoso líder espiritual Swami Vivekananda tenía un magnetismo asombroso gracias a dedicar toda una vida a *brahmacharya*. En cuanto a lo fisiológico, la sabiduría ancestral del ayurveda revela que la abstinencia sexual ayuda a reconstruir tu inmunidad. Como el tejido sexual está interconectado con tu inmunidad general, u *ojas*, según el ayurveda, cuanto menos de este tejido pierdas a través del orgasmo, más fuerte será tu tejido sexual y, por tanto, tu salud general. Uno de los mayores beneficios de la práctica de *brahmacharya* es el discernimiento mental que proporciona, dándonos la fuerza para practicar el desapego.

Pero el concepto de *brahmacharya* va mucho más allá del sexo. También podemos considerarlo como el uso correcto de la energía. La práctica de *brahmacharya* representa moverse hacia un espacio de equilibrio, libre de distracciones, en el que minimizamos o eliminamos las distracciones por comportamientos como, por ejemplo, comer demasiado o muy poco, escuchar música demasiado alta, percibir olores desagradables o cualquier otra experiencia sensorial que nos impida alcanzar el equilibrio en la vida cotidiana.

El primer paso de la práctica de *brahmacharya* es la toma de conciencia. Para lograr la conciencia sensorial, puedes evaluar tus sentidos con estas preguntas:

1. ¿Utilizo mis ojos poco o demasiado? ¿Paso demasiado tiempo delante de las pantallas? ¿Reprimo mi necesidad de dormir y obligo a mis ojos a permanecer abiertos durante demasiadas horas al día? ¿Incorporo imágenes violentas o cualquier otra cosa que me perturbe?
2. ¿Ingiero pocos o demasiados alimentos? ¿Ingiero alimentos sanos? ¿Me tranquilizo a mí mismo con alimentos poco saludables? ¿Evito comer para castigarme?
3. ¿Con qué frecuencia soy consciente de mi sentido del olfato? Cuando empiezo a notar los olores que me rodean, ¿son agradables o desagradables?
4. ¿Qué sonidos oigo con regularidad? ¿Tengo suficiente silencio en mi vida? ¿Utilizo mi sentido del oído para escuchar conversaciones, discusiones y gritos? ¿Oigo suficientes sonidos de la naturaleza?
5. ¿Recibo demasiado contacto físico o demasiado poco? ¿Ansío el contacto físico? ¿Me excedo en el contacto físico que recibo, incluido el sexo? ¿Me hago daño cortándome o infligiendo dolor a mi cuerpo de algún otro modo?

Canalizar la creatividad/la energía

Una vez que conozcas las respuestas a estas preguntas, estarás en mejores condiciones de regularte. Aunque todas nuestras fibras de energía se combinan en energía sexual, la práctica de *brahmacharya* no solo aborda la sexualidad, sino también los canales energéticos individuales que se combinan para crearla. Al comprender nuestras propias necesidades sensoriales, podemos encaminarnos hacia el conocimiento de la verdad última y experimentar el mundo y a nosotros mismos de formas sanas que nos permiten abandonar hábitos y comportamientos viejos y acoger otros nuevos.

Cuando comencé mi propia práctica de *brahmacharya*, los retos que enfrenté en mi vida, junto con la conciencia de que la diosa Brahmacharini vivía en mi segundo chakra, me ayudaron con mi propia práctica *brahmacharya*. Hasta entonces, sentía mi sexualidad como algo fuera de mi control que me causaba dolor, sufrimiento y miedo. Pero elegir *brahmacharya* de modo activo hizo que me sintiera más poderosa que nunca, y comprendí que, por muy traumático que hubiera sido el pasado, yo era –y soy– pura, pasara lo que pasara.

Identifica las experiencias sensoriales de tu vida que te aportan claridad y tranquilidad y las que no

Los seres humanos somos criaturas que buscamos el placer, pero la búsqueda ilimitada de placer, del «néctar» en palabras del Gita, puede ser contraproducente y tóxica si no hay conciencia y desapego. Si has evaluado las experiencias sensoriales primarias de tu vida, ahora puedes avanzar y clasificarlas como *tamásicas* (inducen a la inconsciencia y la inercia), *rajásicas* (estimulantes o perturbadoras) o *sáttvicas* (promueven la pureza y la claridad). Lo ideal es comenzar este proceso con una o dos áreas en las que tus experiencias sensoriales sean *sáttvicas*, pero incluso si no es así, no pasa nada. El proceso de *brahmacharya* está pensado para purificar tu vida como preparación para transformarse. Al comienzo, eliminar las experiencias perjudiciales es más importante que añadir otras nuevas.

En mi caso, identifiqué que, a tres años de haber empezado mi viaje espiritual, mis hábitos alimenticios y de estilo de vida me proporcionaban una paz y claridad mental increíbles. Pero la presencia de mi novio no. Aunque rompí con él poco después de darme cuenta, me costó muchísimo sacarlo de mi mente. Solo cuando identifiqué nuestra relación como *rajásica*, o perturbadora, pude empezar a avanzar.

Determina lo mejor que puedes si las relaciones malsanas con personas y objetos de los sentidos tienen una finalidad en tu vida

A veces los pensamientos, comportamientos y sentimientos limitantes de nuestra vida tienen un propósito, mientras que otras veces puede que simplemente estemos siguiendo prácticas que no son buenas para nosotros por costumbre y falta de conciencia. En cualquier caso, el segundo paso de una práctica de *brahmacharya* consiste en crear conciencia del impulso que hay detrás de tus deseos. Al principio, puede que no tengas una respuesta clara, pero la práctica cíclica de Navratri te permitirá volver a examinar estas preguntas a intervalos regulares. Puede que necesites tiempo para reflexionar y comprenderte, especialmente si este proceso despierta verdades difíciles o dolorosas.

Como en el pasado había practicado el autocontrol con los hombres que me atraían, jamás me había dado cuenta de lo profundos e intensos que podían llegar a ser los deseos sexuales. Fue una experiencia fundamental, ya que me ayudó a empatizar con el dolor que sufren otras personas debido a la atracción sexual, algo que, honestamente, antes no comprendía tan bien, dadas mis inclinaciones ascéticas anteriores. Tuve que hacer acopio de todas mis fuerzas para alejarme de mi exnovio a pesar de haberme dado cuenta de que no era una relación sana.

Antes de cortar los lazos con él, mi exnovio me mostró cuánta rabia, miedo y vergüenza tenía yo por traumas sexuales infantiles no resueltos. Si no hubiera sido por mi relación dañina con él, quizá no habría sabido cuántos problemas me quedaban por resolver. Aunque fue doloroso en aquel momento, al final siento que su presencia en mi vida cumplió una función importante.

Elige un ideal superior que te sostenga

Es imposible renunciar a cualquier cosa. Según las enseñanzas espirituales védicas ancestrales, solo podemos *adoptar* algo más elevado, en cuanto a los deseos, que nos hace abandonar nuestros deseos inferiores, como un joven adulto abandona automáticamente la fascinación infantil por los juguetes cuando, por ejemplo, descubre el deseo por una educación superior.

El ideal que me ancló en la práctica de *brahmacharya* fue la autorrealización. Realmente quería conocer mi ser más profundo. Al ahondar en mi práctica de *brahmacharya* después de romper con mi novio, profundicé mi relación con Brahmacharini y pasé de verme como una superviviente de un trauma sexual a una guerrera con una diosa inviolable que vivía en mi segundo chakra. Con el tiempo, dejé de ver al sexo como algo que había que temer o de lo cual debía avergonzarme y, en cambio, comencé a verlo como una experiencia sagrada de la divinidad interior, que solo debe practicarse con otra persona que comparta esa visión. La breve experiencia de apartarme de *brahmacharya* con mi exnovio me enseñó lo importante que es que alguien abra primero mi corazón antes de que yo le dé permiso para entrar en mi cuerpo.

Después de años de sentirme cosificada bajo la mirada masculina, por fin pude lograr un mayor respeto por mí misma cuando practiqué *brahmacharya*. Empecé a verme como un ser divino, y a ver a los demás también como seres divinos, incluso a los que obraban mal. Aunque mi exnovio me hizo daño, lo guardé en mi corazón durante cinco años mientras continuaba mi viaje espiritual y llegaba a conocer mi verdadero Ser.

Con el tiempo, la práctica de *brahmacharya* me ayudó a canalizar el amor humano que sentía por él en el tipo de amor divino que la diosa Radha sentía por el señor Krishna, que fue su amante, pero nunca llegó a ser su esposo. Si recuerdas lo narrado en el capítulo 1, mi madre y su amiga me vistieron de Radha para el concurso de parecidos a la diosa cuando era niña. Ahora, además de parecerme a Radha por fuera, había alcanzado cierto grado de su fuerza interior en mi viaje espiritual.

Elige nuevos comportamientos que estén alineados con tu ideal

Una vez que establecí mi ideal de autorrealización, me centré en aprender todo lo que pudiera sobre el ser. Los tres valores fundamentales del linaje espiritual dentro del cual estudié son *satsangha* (reunirse en torno a enseñanzas espirituales que reflejan la verdad), *sadhana* (la práctica espiritual dedicada) y *seva* (el servicio desinteresado).

Centré mi energía en actos de servicio dentro de la organización espiritual, que iban desde tareas valiosas (como enseñar o escribir artículos) hasta otras más mundanas (como limpiar el baño), para purificar mi ego y mantener mi mente enfocada. Al principio, las tareas tediosas me resultaban pesadas, pero esa sensación empezó a cambiar cuando edité un documento de setenta páginas sobre el mantra Gayatri, que es una plegaria de un devoto espiritual al sol divino (símbolo del verdadero Ser interior) para salir de la nube de los deseos y revelar su resplandor. A partir de entonces, mi experiencia tanto del servicio como de japa mala y *Sandhya Vandanam*, las prácticas que la diosa Brahmacharini realiza para superar los patrones emocionales inconscientes de la mente, se convirtieron en las herramientas que utilizaba a diario para ayudarme a eliminar las capas inconscientes de mi ser.

Habiendo profundizado la comprensión del significado y el valor del servicio que prestaba y de las prácticas espirituales que realizaba, *brahmacharya* comenzó a transformarse en un hermoso néctar en lugar de en el veneno de la privación. Sentí una paz profunda que nunca había conocido. Esto impulsó mi trabajo espiritual y profesional de un modo que me cambió la vida.

Cuando mi exnovio y yo volvimos a conectarnos tras cinco años de separación, se disculpó y me dijo cuánto me seguía queriendo. Pero por el poder interior que había desarrollado gracias a *brahmacharya* (que produjo lo que él llamó un «cambio alquímico» en mí), pude dejarlo ir con amor. Mi exnovio se sintió muy conmovido por la forma en que lo perdoné y dijo que el amor que sentía por él era como «ver el rostro de Dios» y que mi perdón era como «la hermosa fragancia que desprenden las violetas al ser aplastadas». Lo amaba lo suficiente como para liberarlo y liberarme a mí misma de la codependencia. Lo que queda entre nosotros hasta el día de hoy es simplemente el amor puro del ser.

El camino a seguir: prácticas para la creatividad

Me encanta lo equilibrada que es la tradición espiritual védica ancestral cuando nos muestra el asombroso camino de la abstinencia junto a un enfoque hermoso y libre de vergüenza de la sexualidad como experiencia divina. El placer es una de las cuatro metas de la vida humana en los antiguos Vedas, que revelan que la sexualidad es una oportunidad para que ambos miembros de la pareja experimenten una unión divina con la divinidad en uno y otro (pero esto se consigue una vez que experimentamos nuestra propia divinidad). Es el gozo más elevado que podemos sentir como seres humanos en el ámbito físico, siempre que tengas la base firme de conocer tu propio Ser.

No se trata de la cantidad de sexo que tengas (aunque el ayurveda nos da una orientación estacional muy útil), sino de abordar el acto con respeto por su carácter sagrado. Cuanto más te concentres en el vínculo entre tu pareja y tú, más se convierte el sexo en una expresión externa y en una forma de comunicar un profundo amor y respeto, y no en una forma de satisfacer tus necesidades con otra persona, que acaba reducida a un objeto.

Cuando recuerdo que la diosa Brahmacharini vive en mí, no me identifico con mi pasado. Soy libre de él. Tú también puedes sanar de lo que sea que te retenga de tu pasado cuando reúnas el valor para afrontarlo con el poder y el autodominio que proporciona la práctica de *brahmacharya* para honrar tu sexualidad en el reino de tu propia morada, el segundo chakra sagrado.

PRÁCTICA: *Domina tu mente con el japa mala (cuentas de rosario) de la diosa Brahmacharini.*

La diosa Brahmacharini sostiene un japa mala (similar a un rosario) en una de sus manos. Es una de las armas divinas utilizadas en la batalla interior que debemos librar para dominarnos a nosotros mismos. Puedes repetir en silencio o en voz baja cualquier mantra (un conjunto de palabras inspiradoras o afirmaciones) que desees utilizando el japa mala, que tradicionalmente tiene 108 cuentas. El número 108 es múltiplo del número nueve, que es el número de diosas que se celebran en Navratri y el número de meses del embarazo.

Para realizar la práctica del japa mala, basta con cantar un mantra de tu elección por cada cuenta, y luego pasar a la siguiente cuenta del lado izquierdo. Cada vez que tus pensamientos se desvíen de tu mantra, intenta traerlos de vuelta para estar plenamente presente. Al principio, sirve cantar el mantra en voz baja para que te mantengas enfocado. Con el tiempo, a medida que aumente tu concentración, puedes realizar esta práctica internamente.

Personalmente, mi mantra favorito es el mantra Gayatri (por favor, consulta el apartado del Apéndice), que evoca los poderes del sol en nuestras vidas. El mantra Gayatri es el sonido sagrado de la diosa Durga. La palabra *gayatri* proviene de la combinación de las palabras *gaya*, que significa «poema» y *tri*, que significa «tres», y en este caso se refiere al poder y a la fuerza combinados de las tres diosas que representan diferentes agrupamientos del inmenso poder de Durga: Kali, Lakshmi y Saraswati.

Además de ser una colección de sonidos sagrados, Gayatri es una diosa que encarna la forma femenina de la luz del sol (que tradicionalmente representa la energía masculina). La diosa Gayatri es venerada por su conocimiento y sabiduría espirituales, y la luz del sol simboliza la sabiduría divina que ilumina tu alma.

Antes de que te embarques en tu batalla por el autodominio en relación con la práctica del japa mala, es útil contar con el apoyo de un testigo. Tu testigo puede ser cualquier forma de divinidad con la que conectes más. Puede ser el sol, la luna, un animal, o incluso el cielo amplio y vasto. Tal vez la mismísima diosa Brahmacharini. Tu testigo también puede ser un guía humano con el que hayas conectado y que te haya enseñado o inspirado.

La práctica del japa mala ayuda a relajar y controlar la mente para que puedas empezar a conocer tu ser interior más íntimamente. Considero que esta práctica, que estimula la creatividad, es profundamente nutritiva, relajante y estimulante. La práctica del japa mala también te ayuda a alejar tu mente de las dependencias externas y te acerca a tu propia fuerza y poder interiores.

PRÁCTICA: *Purifícate de los apegos con el poder sanador del agua.*

Además del japa mala, la diosa Brahmacharini sostiene una vasija de cobre llamada *kalash*. Existe una práctica espiritual ancestral de purificación con el agua de un *kalash* que evoca su poder, así como el de todas las diosas. Este ejercicio me ha ayudado a dar enormes saltos de fe y a realizar grandes transformaciones en mi vida evocando el poder del desapego. Lo practiqué a diario durante nueve años mientras estaba inmersa a tiempo completo en el estudio de la espiritualidad védica ancestral. En la actualidad, me encanta volver a él cada vez que siento que necesito purificarme de algo que ocupa más espacio en mi mente de lo que es saludable.

Esta práctica me ha ayudado a soltar la ira, liberarme de la vergüenza, sobreponerme al miedo, encontrar mi voz y, sobre todo, liberarme del apego a personas, hábitos y situaciones que eran un consuelo emocional pero que, en última instancia, impedían mi crecimiento espiritual. Una parte clave de esta práctica es identificar de una a tres cosas que quieras dejar de lado, y luego soltarlas simbólicamente con el poder purificador y depurador del agua.

El nombre de esta práctica es *Sandhya Vandanam*, que significa «oración de acción de gracias» en sánscrito. Se practica tradicionalmente antes de la salida del sol, durante el período de transición de la oscuridad a la luz. Somos más vulnerables cuando pasamos por períodos de transición y cambio. Por eso, ayuda enormemente aprender a aferrarse a aquello que no cambia jamás (tu propia alma) mientras practicas soltar lo que ya no te sirve.

La base de la práctica es una oración pidiendo el perdón de los pecados. Resulta fascinante que, en la tradición védica, no exista el concepto de pecado original. En cambio, el pecado se define como cualquier momento en que hayas olvidado que tu identidad verdadera es ser un alma eterna, no un cuerpo o una mente. Siempre que te identifiques con tu cuerpo (como cuando tienes antojo de ciertos alimentos o de sexo) o con tu mente (aferrándote a pensamientos y emociones negativas como la ira y el miedo), se considera que es pecado. Cualquier cosa que te aleje de tu Ser verdadero es un pecado. Para purificarnos de todas las veces que olvidamos nuestra identidad espiritual verdadera, tenemos esta hermosa práctica:

Instrucciones

1. Vierte agua en tu *kalash* (vasija de cobre), o puedes usar cualquier vasija pequeña que tengas.
2. Derrama el agua de tu recipiente en la palma de una de tus manos. Luego puedes usar esta agua para limpiar tu cuerpo o simplemente rociarla sobre tu cabeza para purificar tu ser. Realiza la siguiente afirmación: «El conocimiento en la forma de la diosa Saraswati vive en mí».
3. Repite el paso 2 con la afirmación: «La abundancia en la forma de la diosa Lakshmi reside en mi ser».
4. Repite el paso 2 con la afirmación: «El poder en la forma de la diosa Durga es mi esencia verdadera».
5. Identifica una cosa que desees soltar (por ejemplo, la ira, el miedo, los celos, la tristeza, la frustración, el apego a alguien o a alguna situación, etc.). A continuación, mientras viertes el agua en una de tus manos, imagina lo que quieres soltar. Si se trata de una persona, intenta visualizar su cara. Si se trata de una emoción, siente dónde y cómo la registras en tu cuerpo (en el corazón, en forma de calor, etc.). Arroja el agua al suelo y, de manera simultánea, imagina que sueltas esta imagen. (Si tienes un suelo de madera, quizá prefieras sentarte sobre una toalla especial para esta práctica).
6. Repite el paso 5 dos veces más. Si estás concentrada en soltar solo una cosa principal, puedes imaginarte a ti misma soltándola tres veces.
7. Ahora sumerge los dedos en tu vasija purificadora y bendice cada parte de tu cuerpo con las siguientes afirmaciones (o unas que tú misma crees):
   a. «Que mi cabeza sea bendecida con sabiduría». Toca con los dedos la parte superior de tu cabeza.
   b. «Que mis ojos sean bendecidos para ver la verdad». Toca con los dedos la parte superior de tus ojos.
   c. «Que mis oídos sean bendecidos para escuchar lo que es auspicioso». Toca tus orejas con los dedos.

d. «Que mi boca sea bendecida para consumir alimentos puros». Toca tu boca con los dedos.
e. «Que mi garganta sea bendecida con palabras divinas». Toca tu garganta con los dedos.
f. «Que mi corazón sea bendecido con pureza». Toca tu corazón con los dedos.
g. «Que mi estómago sea bendecido para digerir todo aquello con lo que entro en contacto» (alimentos, información, emociones y experiencias de vida). Toca tu ombligo con los dedos.
h. «Que mis manos y mis pies sean bendecidos para realizar acciones que produzcan el mayor bien para mí y para los demás». Toca tus hombros, tus manos, tus pies y tus rodillas con los dedos.

PRÁCTICA: *Canaliza tu energía con el ejercicio de respiración de la abeja zumbadora.*

Este sencillo ejercicio de respiración yóguica es una forma poderosa de cerrar las puertas de los sentidos e ir hacia el interior. Calma el sistema nervioso, favorece la concentración y potencia tu creatividad. Este ejercicio de respiración es una forma maravillosa de canalizar tu energía espiritual y contribuir a que te sientas inspirada y fortalecida desde el interior, como la diosa Brahmacharini. Es rápido y fácil de hacer.

Todos los *pranayamas* (ejercicios de respiración) fortalecen el vínculo íntimo entre la mente y la respiración. Cuando calmas y reduces el ritmo de tu respiración, automáticamente tu mente se vuelve más tranquila y despejada. Cuando te sientes ansioso y obsesivo, puedes observar cómo tu respiración se vuelve más agitada. Incluso puedes notar cómo retienes la respiración cuando te sientes realmente apegado a una persona o situación.

Me encanta practicar este ejercicio de respiración para empezar el día más centrada. También puedes practicar este ejercicio de respiración antes de dormir, o en cualquier momento en que te sientas ansioso o simplemente no puedas controlar la aceleración de tu mente y la obsesión de tus deseos.

Instrucciones

1. Coloca los pulgares dentro de tus orejas de modo que solo puedas oír tu propio sonido interno.
2. Cubre suavemente tus párpados con los dedos corazón, apoyando los dedos índice sobre tus cejas.
3. Inhala por la nariz.
4. Haz un zumbido en la garganta (como si tararearas) mientras exhalas. Si lo haces correctamente, el sonido de tu zumbido será el sonido más fuerte que oigas.

Puedes practicar esto una, tres o tantas veces como quieras siempre que no te marees al hacerlo.

PRÁCTICA: *Libérate de los deseos sensuales en Dhruvasana.*

Érase una vez un príncipe destinado a convertirse en rey. Desafortunadamente, su madrastra quería que su propio hijo biológico fuera rey, así que desterró a Dhruva al bosque durante muchos años. Al igual que la diosa Brahmacharini, Dhruva quedó profundamente absorto en las prácticas de *brahmacharya* (como vivir de una comida al día, después solo de frutas y luego de hojas para finalmente vivir solo del aire). Poco a poco llegó a saber quién era –su Ser verdadero–, y que no dependía de las cosas terrenales para sobrevivir.

Ayudó a la reina y a su hermanastro, que ahora era el rey, a estabilizar su reino. Después de algún tiempo, lo trajeron de vuelta para que asumiera oficialmente su legítima posición como rey verdadero. Dijo que no. No necesitaba dominar el reino exterior porque se dio cuenta, a través del camino para conocer su Ser verdadero, que tenía todo el poder y las riquezas que necesitaba en su interior. No necesitaba nada más.

El mensaje de esta historia es que tenemos que desprendernos de ciertas cosas para descubrir quiénes somos en nuestro interior y para estar verdaderamente saludables. Cuando practico esta asana yóguica, traigo a mi mente y a mi corazón a una persona sin la cual siento que no puedo vivir (o un resultado u otra cosa a la que me sienta apegada) y luego me imagino completamente libre sin ella.

El apego es la causa más profunda de sufrimiento psicológico y emocional. Cuando los gustos y las aversiones inocentes se convierten en apegos en toda regla, pueden causar tristeza y, con el tiempo, confusión y engaño totales. Nuestros apegos nos atrapan. Por eso uno de mis maestros de linaje dijo: «Elévate por encima de los deseos. No has venido aquí para perseguir chispas de colores, rosas y pasteles de chocolate. Has venido aquí para decirles [a tus deseos] "iros al cuerno". Soy un emperador. Como manzanas y me contento con las pocas ropas sencillas que tengo. Cuando venga un animal hambriento, le daré toda mi comida o la mitad, y seré tan generoso que pronto descubriré que hay cinco o diez personas conmigo. Y entonces no tendrás que preguntarles por qué están contigo. Están contigo porque son como tú. Todos sois reyes».

Para practicar Dhruvasana, une tus manos, y toca tu corazón con ambos pulgares. Este *mudra* (gesto yóguico de las manos) tiene un efecto profundamente tranquilizador sobre la naturaleza cambiante de la mente.

Ahora apóyate sobre una pierna con un pie en el interior de la pierna opuesta (por encima o por debajo de la rodilla). Imagínate que estás a gusto sin aquello a lo que estás más apegado en la vida.

Conecta con tu corazón. Experimenta la libertad. Tu verdadera naturaleza.

PRÁCTICA: *Abstente del sexo –o de tu placer sensual favorito– durante una semana y canaliza la energía en crear algo (arte, escritura, alguna manualidad).*

Aunque al principio parezca ilógico, la abstinencia produce placer. Cuanto más puedas contener tus sentidos para evitar que se desborden en pos del placer, más podrás disfrutar de la misma experiencia sensual cuando decidas hacerlo.

Imagina, por ejemplo, que te encanta el helado de vainilla. Tienes ganas de saborearlo durante días o incluso semanas, y por fin consigues paladear su sabor dulce. El primer cono de helado es increíble.

Pero luego quizás te apetezca otro. Y luego otro más. Y así sucesivamente. Para cuando llegas al octavo cono, es posible que el helado no tenga tan buen sabor. Para el noveno o décimo cono, ¡puede que te repugne el mismo objeto que te produjo un placer tan inmenso al principio!

Cuando canalizas tu energía sexual en la expresión creativa, es posible que notes mayor inspiración, entusiasmo, imaginación, percepción y capacidad de llevar a cabo la creación de obras de arte, poesía, escritura, música y otras formas artísticas hermosas. Empiezas a conectarte con una fuente de alegría más profunda, que emerge de tu Ser superior, independiente de cualquier otra persona.

Pruébalo y verás cómo florece tu creatividad durante incluso una semana. Puedes abstenerte del sexo o de cualquier otro placer sensual, como tu comida favorita. Una vez que vives sin él, volverás a él con un disfrute aún mayor, proveniente de la práctica espiritual de la abstinencia.

PRÁCTICA: *Cultiva y emplea flores de hibisco para favorecer la inspiración creativa.*

A las flores de hibisco se las llama *japa kusum* en sánscrito. *Japa* es como se le llama a la práctica de recitar mantras con un *mala* (cuentas de rosario), como hemos explorado más arriba. El hibisco es la flor favorita de la diosa Durga y se ha utilizado durante siglos en ceremonias espirituales sagradas de la India. Se considera que purifica físicamente (cuando se consume como té, que se puede hacer hirviendo sus pétalos en agua caliente y bebiéndolo cuando esté preparado) y limpia espiritualmente.

A nivel fisiológico, las flores de hibisco ayudan a estimular el crecimiento del cabello y un cutis sin imperfecciones. Favorecen el funcionamiento saludable de los riñones y del sistema reproductor femenino, motivo por el cual tienen una intensa conexión con el segundo chakra.

En las culturas antiguas, las flores tienen un profundo simbolismo y significado espiritual. La flor de hibisco representa la energía femenina (que todos tenemos, independientemente del género con el que nos identifiquemos). Simboliza la belleza y el encanto en los que te revistes cuando practicas *brahmacharya* con éxito.

Así como existen dos lados en un segundo chakra equilibrado (canalizar la sexualidad en algo creativo o expresarla de forma sagrada), la flor de hibisco tiene diferentes significados según su color. Las blancas representan la pureza y belleza de Brahmacharini, el poder de la abstinencia y la canalización de la energía sexual hacia actividades creativas. Las rojas, en cambio, simbolizan la pasión, el amor verdadero y el romance divino.

Puedes lavarte el pelo con pétalos de hibisco, beber té de hibisco o simplemente contemplar la flor para recordar a tu diosa interior, que siempre es pura e inviolable.

PRÁCTICA: ***Elige alimentarte para favorecer una sexualidad más sana, un sistema inmunológico saludable y una creatividad más prolongada.***

Comer alimentos que favorezcan una sexualidad sana es importante tanto si eres sexualmente activo o no. Tu sexualidad vive en cada célula de tu cuerpo. De acuerdo con el antiguo conocimiento ayurvédico de la salud, la sexualidad es el tejido más refinado del cuerpo, creado por los alimentos que ingieres. Los antiguos sabios ayurvédicos revelaron la profunda relación entre la salud de tu tejido sexual y la inmunidad general.

Los alimentos dulces y los que contienen grasas naturales favorecen al máximo la salud de tu tejido sexual, siempre y cuando puedas digerirlos (evacuando una o dos veces al día con facilidad, idealmente temprano por la mañana). Digerir el sabor dulce natural contribuye a dotarte con fertilidad e inmunidad.

La mejor época del año para consumir más sabores dulces naturales es el invierno, desde mediados de noviembre hasta mediados de marzo. Es la época del año en que tienes la digestión más fuerte, y, por tanto, puedes comer alimentos más pesados para nutrirte ante el año que tienes por delante. El invierno también es la época del año en la que puedes comer más cantidad de alimentos. En la primavera y el verano, se aconseja comer menos y más ligero, ya que durante este período la digestión se vuelve cada vez más lenta.

ALIMENTOS NATURALMENTE DULCES QUE FAVORECEN LA SEXUALIDAD Y LA INMUNIDAD

Lácteos: ghee (mantequilla clarificada), leche de vaca de bovinos que gozan de un bienestar adecuado, leche de almendras, leche de coco.	**Frutas:** mangos dulces, melocotones, ciruelas, peras, higos, plátanos, semillas de granada.
Frutos secos: almendras, nueces, pasas, anacardos, dátiles, semillas de sésamo, albaricoque seco.	**Especias:** clavo, semillas de carambola o ajwain, cúrcuma, azafrán.

PRÁCTICA: *Utiliza el discernimiento a la hora de elegir una pareja sexual.*

Recuerda que la diosa Brahmacharini vive dentro de ti y te da el poder de elegir la mejor pareja posible con la que compartir tu sexualidad. No puede ser cualquiera. Primero debes discernir que tu pareja posible sea una persona digna y noble que te respete y honre los límites sanos. Luego debes determinar si esta persona también comprende y aprecia el carácter sagrado de la sexualidad. No basta con que uno de los miembros de la pareja aborde la sexualidad con un sentido de reverencia. Ambos deben tener la misma conciencia espiritual e intención de vivir una experiencia divina al hacer el amor para que realmente sea así.

PRÁCTICA: *Crea una experiencia sexual sagrada.*

Los antiguos textos ayurvédicos recomiendan, para empezar, adquirir fuerza física comiendo alimentos afrodisíacos dulces. A continuación, aconsejan iniciar la actividad sexual solo cuando ambos miembros de la pareja estén muy interesados y solos. Mantener relaciones sexuales si tu propia alma no está plenamente satisfecha y preparada es una forma de traición a uno mismo. También es importante tener relaciones sexuales cuando uno se siente bien y respeta realmente a su pareja.

Se recomienda practicar el sexo cuando se esté libre de los impulsos de orina, hambre, sed y eliminación intestinal. La sexualidad sagrada se recomienda idealmente por la noche, al menos dos horas después de cenar. El segundo mejor momento es por la mañana, entre las seis y las diez. Los textos recomiendan que las parejas se arreglen y huelan maravillosamente para el acto sexual, poniéndose cosméticos e incluso ungiéndose con fragancias maravillosamente perfumadas. Lo más importante es que, en lugar de disfrutar la experiencia sexual sin pensarlo, establezcas una intención para conectar con la divinidad que hay en ti y en tu pareja. Esto te ayudará a encarar el acto de hacer el amor como un tipo de oración profunda, para despertar el poder creativo divino que vive en tu interior. Si estás intentando concebir un bebé, sería muy útil establecer la intención de dar la bienvenida a una nueva alma en la vida de ambos.

Los textos antiguos comparten recomendaciones para después del acto sexual, para recuperar las fuerzas perdidas y renovarte física y mentalmente tras el esfuerzo de la relación sexual. La principal recomendación para ello es una receta de leche de almendra tibia y cocida (o leche entera de vacas que gozan de un bienestar adecuado) con azúcar orgánico (yo personalmente uso jaggery[1], que es mucho menos refinado que el azúcar común), cúrcuma y cardamomo. Puedes incluso prepararla con antelación y mantenerla caliente en un termo para bebértela después y recuperar el tejido sexual que abandona tu cuerpo con un orgasmo de inmediato. También se aconseja darse un baño caliente, llevar ropa limpia, aplicarte tus aceites esenciales favoritos, abrir una ventana (o las cortinas) y exponerse a la luz de la luna tras la actividad sexual. Todas estas prácticas ayudan a aliviar el agotamiento y a devolver la calma y claridad a la mente tras el calor y la pasión sexual.

La libertad de espíritu que empezarás a experimentar cuando aceptes tu cuerpo como tu morada divina despertará en ti un nuevo tipo de alegría que se activará con la moderación, el disfrute sagrado, el discernimiento, la curiosidad y la paciencia. Cuando te das la

1. Jaggery: Azúcar de caña sin refinar (N. de la T.)

oportunidad de apartarte de los estímulos sensuales, aunque sea por un tiempo, puedes acceder a un gozo más profundo de tu sensualidad, con un mayor autodominio de tu propia mente y tus propias emociones. Este es el gran don de *brahmacharya.*

CAPÍTULO 3

Encender el fuego de la transformación

Así como una persona que desecha la ropa vieja se pone la nueva, así también el alma desecha los cuerpos viejos e inservibles y acepta los nuevos.

—BHAGAVAD GITA, capítulo 2, verso 22

Cultivar la transformación

La transformación no es algo que nos sucede por azar. Como cada parte del ciclo de Navratri, es algo que iniciamos y vivimos una y otra vez durante nuestra vida. En mi caso, el día tres de esta práctica cíclica (o la semana tres o el mes tres, dependiendo de cómo estructures tu propia práctica de Navratri) es una oportunidad de hacer algo fuera de mi zona de confort. Utilizo la energía recabada el día anterior para mirar al miedo a la cara y desafiarme a mí misma a ir más allá de lo que he sido capaz hasta ahora.

Hay una palabra sánscrita, *kavach*, que se refiere a una armadura que te protege. La diosa Chandraghanta lleva sobre sí esta poderosa armadura. Representa una práctica espiritual que nos libera de los deseos que nos causan tanto sufrimiento y tantos sentimientos de insuficiencia. Por ejemplo, es el deseo de amor de los demás lo que suele mantenernos atrapados en ciclos de trauma y dolor. Es el deseo de sentirnos plenos y de satisfacer nuestros sentidos lo que nos hace dañar nuestro propio cuerpo comiendo en exceso e ingiriendo alimentos perjudiciales para nosotros.

AGNI, EL FUEGO DE LA TRANSFORMACIÓN

Según el ayurveda, tener un fuego digestivo sano (conocido como *agni* en sánscrito) te da coraje, confianza y audacia para afrontar los retos de tu vida, fruto del poder espiritual. Tener un *agni* sano te da alegría, entusiasmo, claridad mental, pureza, comprensión, constancia y compasión. La digestión es el elemento esencial de la inmunidad, el razonamiento y la capacidad de decisión fuertes, según el ayurveda. Favorece una piel radiante, la longevidad y la fuerza física y emocional.

Una parte fascinante del día tres es la forma en que la idea real y metafórica de la digestión desempeña un papel clave en el proceso de transformación. En el ayurveda, la digestión se entiende como un fuego. Cuando tienes el fuego bajo, no puedes digerir la comida adecuadamente. La comida que has ingerido permanece en tu estómago, cruda y sin procesar. Nuestras emociones y experiencias vitales funcionan de la misma manera. Cuando no haces el trabajo que hace falta para procesar, digerir y asimilar tus emociones, y convertirlas en combustible y «nutrientes» que puedas integrar en tu ser, se vuelven tóxicas y permanecen en tu cuerpo y mente durante mucho tiempo. Según el ayurveda, la toxicidad de los alimentos no procesados, así como las emociones y experiencias vitales difíciles, son el origen de muchas enfermedades (y esto también lo corrobora la ciencia moderna).

Esta es la razón por la que solo fui capaz de sanarme completa e irreversiblemente de los trastornos alimentarios cuando entendí su relación con el trauma que experimenté en la infancia y finalmente «digerí» esa experiencia. Durante muchos años intenté evitar enfrentarme al dolor que me provocaba ese trauma infantil. Por mucho que tratara de «reprimirlo», no podía suprimir los recuerdos que me suscitaba. Finalmente me di cuenta de que entrar en el fuego de la transformación significa estar dispuesto a enfrentarte a tu propia sombra (las partes de tu ser que has repudiado), mirar de frente a aquello que más temes y ver y reconocer los tipos de máscaras que puedas haber empleado como mecanismos de defensa para evitar ser vulnerable y real.

Conociendo a CHANDRAGHANTA

En la primera encarnación de Durga como Shailputri, se inmoló por amor al señor Shiva. En su segunda encarnación, practicó *brahmacharya* para volver a casarse con Shiva como Brahmacharini. Ahora, en la tercera encarnación de Durga como Chandraghanta, se vuelve al punto de partida. El señor Shiva se ha distanciado de los asuntos del mundo y se ha retirado a las montañas para practicar la meditación profunda, aislarse y hacer penitencia tras perder a Shailputri.

En vista de que Brahmacharini está decidida a volver a casarse con él en su nuevo nacimiento, Shiva accede, pero el día de su boda, aparece con el cuerpo untado de cenizas de muertos, con serpientes alrededor del cuello, y sin molestarse en peinar su cabello enmarañado y repulsivo. Y también, en su horrenda procesión nupcial, hay fantasmas, duendes, demonios, ascetas desnudos y sabios. La madre de Brahmacharini y otros parientes se desmayan de terror.

En ese momento, Durga se transforma de Brahmacharini a Chandraghanta, un feroz avatar de Durga con tres ojos y diez manos. Monta un león y lleva un arma en cada mano y está preparada para una guerra santa. Tiene la tez ardiente, dorada, del color del sol. Su cuerpo se vuelve celestial, lleno de fuego ardiente. De hecho, irradia tanta luz que para captar su mero aspecto se requiere una gran cantidad de energía visual.

Chandraghanta no está enfadada; es inconmensurablemente poderosa y no se excusa de su postura feroz cuando los comportamientos extraños de Shiva aterrorizan a su madre y a los miembros de su familia. Lo convence para transformarse en un príncipe apuesto, con un cortejo nupcial mucho más noble. Shiva entonces regresa como un príncipe azul, engalanado con joyas en lugar de cenizas.

Como en el capítulo 2, aunque esta sea la historia de un hombre y una mujer, no debe entenderse literalmente. En cambio, la historia de Shiva y Chandraghanta puede interpretarse como la historia del esfuerzo continuo por mostrar nuestro verdadero Ser y unirnos a él. Esta historia matrimonial inesperada pone en relieve la necesidad de que todos encontremos el poder y la fuerza interior para fijar una postura frente a lo que creemos que es correcto, lo que beneficia a los demás y a nosotros mismos y, en última instancia, permite un cambio y una conexión genuinos.

Sin duda, no es fácil ser feroz y compasivo al mismo tiempo. Por eso, la diosa Chandraghanta está provista de tantas armas: simbolizan la destrucción de los demonios internos. Cuando reconocemos plenamente nuestras emociones (sintiéndolas como podemos) y aprendemos a transmutarlas (en lugar de sentirnos abrumados por ellas), obtenemos poder para librar las batallas externas siendo a la vez ferozmente amorosos y fuertes. Esto se debe a que el Ser en nosotros es el mismo que el Ser en cualquier otra criatura.

LA TRANSFORMACIÓN Y EL TERCER CHAKRA

El poder de la transformación reside en tu tercer chakra (también llamado «plexo solar»), situado en la zona del ombligo, tu núcleo sagrado. Este es el lugar donde te conectas con tu poder personal, te haces valer cuando es necesario y encuentras tu lugar en el mundo. El tercer chakra situado en el plexo solar está impulsado por el elemento fuego y el sentido de la vista. Cuando lo equilibras, puedes alcanzar la salud, el equilibrio y el increíble poder que provienen de la correcta digestión de los alimentos, la información, las emociones y las experiencias de tu vida.

Chandraghanta está cargada de armamento, algo que resulta adecuado teniendo en cuenta la intensidad de las batallas que se necesitan para luchar contra los demonios internos y externos que te impiden alcanzar tu verdadero poder. En el viaje espiritual, hay muchas lecciones que nos enseñan el poder y la importancia del amor, la compasión, la dulzura y el perdón. Esto es muy importante, y la diosa Chandraghanta en tu tercer chakra, munida con todas sus armas, nos recuerda la necesidad de también tener límites sanos y de practicar la valentía cuando atravesamos el fuego de la transformación para purificar el ego, de modo que este sea saludable pero no excesivo. Esto permite que tu energía pueda empezar a elevarse hacia los chakras superiores que siguen.

Ser un verdadero guerrero espiritual significa pelear por el bien supremo de todos (sin olvidar nunca nuestras propias necesidades). Cuando podemos hacerle la guerra a nuestra propia ira, resolverla por nosotros mismos, y luego involucrarnos en batallas en las que reconocemos la unidad espiritual que todos compartimos, es más probable que salgamos victoriosos de dichos conflictos. Sabremos cómo poner límites adecuados cuando sea necesario, pero con una actitud de amor divino y feroz.

Realizar una evaluación

Cuando se trata de transformarse, conviene que te examines antes a ti mismo para saber si actúas desde el poder de tu ego o desde el poder de tu alma.

Determinar con qué poder te identificas más en cada una de las categorías que hay a continuación, también te ayudará a identificar en qué áreas específicas puedes trabajar para estar mejor alineado con la libertad y el poder de tu alma con el fin de lograr un bienestar más profundo y duradero.

	Muy de acuerdo	**De acuerdo**	**Ni de acuerdo ni en desacuerdo**	**En desacuerdo**	**Muy en desacuerdo**
Obtengo mi poder de mi interior.	1	2	3	4	5
Cuando me insultan, puedo mantenerme firme en mis creencias sabiendo el poder que reside en mi interior.	1	2	3	4	5
Me siento poderoso tanto si los demás aprueban o no mis acciones.	1	2	3	4	5
Si necesito corregir los comportamientos y errores de otros, puedo hacerlo con compasión y sabiendo que todos estamos en un proceso.	1	2	3	4	5
Adapto mi propia curva de aprendizaje y mis errores con dignidad.	1	2	3	4	5

Cuando cometo errores, soy paciente conmigo mismo.	*1*	*2*	*3*	*4*	*5*
Tengo límites sanos.	*1*	*2*	*3*	*4*	*5*
Digo lo que pienso ante la injusticia.	*1*	*2*	*3*	*4*	*5*
Me siento conectado con el momento presente.	*1*	*2*	*3*	*4*	*5*
Puedo practicar el dejarme llevar y relajarme ante la incertidumbre.	*1*	*2*	*3*	*4*	*5*
Confío en una inteligencia y presencia universal.	*1*	*2*	*3*	*4*	*5*
Pido ayuda cuando necesito hacer cambios en mi vida.	*1*	*2*	*3*	*4*	*5*
No tengo que hacer todo perfectamente.	*1*	*2*	*3*	*4*	*5*
Puedo ser sincero respecto a mis propias necesidades (físicas y emocionales) y limitaciones.	*1*	*2*	*3*	*4*	*5*
Puedo ser vulnerable con otros.	*1*	*2*	*3*	*4*	*5*
Puedo validar mis propias acciones para sentirme poderoso y valioso.	*1*	*2*	*3*	*4*	*5*

Si has obtenido entre 16 y 36 puntos, el poder de tu alma es fuerte.

Si has obtenido entre 37 y 59 puntos, sabes lo que significa estar en contacto con el poder de tu alma, y puedes usar tu fuerza para seguir eligiendo dicho poder por encima del de tu ego.

Si has obtenido entre 60 y 80 puntos, es posible que tu ego esté dirigiendo el espectáculo, pero no temas, ya que la conciencia es el primer paso para transformarse.

Encender el fuego de la transformación

A menudo sabemos que hay cosas que deseamos cambiar, pero somos incapaces de implementar las medidas que se necesitan para provocar una transformación duradera de algún tipo (grande o pequeña) en nuestras vidas. Así como nuestras emociones fuertes nos llevan hacia lo que deseamos transformar, podemos aprender a confiar y a trabajar con ellas para encender el tipo de transformación duradera que realmente buscamos en nuestras vidas.

Invita a tus emociones, especialmente a la ira y al miedo, a salir a la superficie de tu conciencia

Si no sientes rabia cuando se violan tus límites, no podrás tomar las medidas necesarias. Esto es especialmente relevante en los casos de trauma que se producen en la infancia. Cuando sufrimos el trauma de niños, solemos culparnos a nosotros mismos por haberlo padecido. También aprendemos que, para sobrevivir, debemos convertirnos en los cuidadores de los adultos que están fuera de control. En el proceso, aprendemos a negar nuestros sentimientos y necesidades. En mi caso, este proceso de toma de conciencia comenzó cuando empecé a estudiar en California. Durante los primeros nueve meses, hice un esfuerzo consciente por sacar mi ira a la superficie como primer paso para sanar mis experiencias de trauma infantil. Necesitaba sentir mi ira para encontrar el poder para transformar mi vida.

Cuando enciendes el fuego de la transformación debes enfrentarte cara a cara, y de muchas maneras, con el miedo y la ira. En la psicología del yoga, una de las causas del sufrimiento es el temor a la muerte, *abhinivesha* en sánscrito. De hecho, la tradición espiritual védica enseña que todo temor está enraizado en el temor a la muerte. La reencarnación es también una creencia fundamental de la tradición espiritual védica. Como seres humanos, estamos programados, por nuestra propia naturaleza, para temer a la muerte y resistirnos al cambio. Pero según las tradiciones de sabiduría ancestrales, todo cambio implica la muerte de lo viejo para dar paso al nacimiento de lo nuevo.

Cuanto más comprendamos, como enseña el Bhagavad Gita, que la muerte no es más que un cambio de ropa de un «mono» a otro en forma de reencarnación, menos necesitaremos temerle a la muerte. Y cuanto menos le temamos a la muerte, menos tendremos que temer cualquier otra cosa en la vida.

Comprende el origen de tus emociones

Haz una lista de lo que te angustia. Cada punto de esta lista es importante porque tú eres importante. Exprésate a ti mismo tus emociones poniéndolas por escrito.

En mi caso, la historia de Shailputri, enfrentándose a su padre e inmolándose en el fuego sacrificial, y la de Chandraghanta, siendo fiel a sus convicciones mientras se proveía de armas, coraje y valentía inimaginables, me causaron una profunda impresión.

No pude evitar sentir esta historia de manera visceral, ya que había tenido miedo de mis progenitores, especialmente de mi padre, durante toda mi vida. Mi padre era muy estricto y tenía muchas «reglas familiares» que todos debíamos cumplir. Si me atrevía a desobedecer, intencionadamente o no, mi padre, como hacen muchos padres para disciplinar a sus hijos, me pegaba o me castigaba enviándome al sótano oscuro.

Una regla familiar que me resultaba difícil de cumplir era la de comerme siempre todo lo que tenía en el plato. Tengo muchos recuerdos de mi madre preparando berenjenas, que yo no quería comer porque no le sentaban bien a mi cuerpo. Años después, al recurrir a una consulta personalizada de alimentación ayurveda, me sorprendió que me lo confirmaran. Rezaba todas las noches para que mi madre preparara cualquier cosa menos berenjenas, para que no me castigaran ni me obligaran a comer alimentos que mi cuerpo rechazaba.

Aunque los castigos nunca dejaron una cicatriz física, el terror de aquella época no era algo de lo que pudiera deshacerme fácilmente. A medida que fui creciendo, permaneció en mi cuerpo y se manifestó en forma de trastornos alimentarios. Aunque no dañé a nadie, asumí la culpa de lo ocurrido y me castigaba internalizando comportamientos de castigo hacia mí misma, perpetuando inconscientemente el ciclo traumático de mis primeros años.

Solía no comunicarme mucho con mis padres, o lo hacía a regañadientes, por el miedo profundo a revivir aquellos recuerdos de la infancia. Unos nueve meses después de empezar a estudiar ayurveda, y la primera vez que celebré Navratri durante ese período de estudio, decidí enfrentarme a mis padres la noche en que celebramos a la diosa Chandraghanta. Pero antes de poder hacerlo, primero tenía que contarles que había estado estudiando el ayurveda. Como sabía que se enfadarían porque había dejado mi carrera de negocios, lo había mantenido en secreto porque todavía temía a mi padre.

Acepta la situación tal como es

La aceptación es un paso espiritual poderoso hacia el crecimiento y la evolución. Nadie nace perfecto. No siempre nos comportamos correctamente en todas las situaciones. No todo está bajo nuestro control. A pesar de ello, debemos aprender a aceptarnos a nosotros mismos, a los demás y a todas las situaciones de nuestra vida, incluidas aquellas que deseamos transformar, como requisito previo para realizar el cambio.

Muchas veces parece más fácil esconder tus problemas más profundos bajo la alfombra y evitar afrontarlos. La negación es una estrategia de afrontamiento muy común cuando hay dolor; perpetúa la repetición de comportamientos negativos que quizás deseamos transformar. Yo misma intenté negar mi dolor durante muchos años aparentando estar bien y fingiendo una sonrisa cuando en realidad quería llorar. Una de las principales causas de la anorexia nerviosa, según el ayurveda, es la represión del llanto, que sucede cuando nos resistimos a aceptar lo que es.

El discernimiento de lo que podemos y no podemos controlar es un paso importante que nos confiere poder para conseguir distanciarnos de lo que nos ocurrió en el pasado (que no podemos controlar) y, por tanto, aceptarlo. Sin discernimiento, pasando al desapego y, finalmente, llegando a la aceptación, tendemos a repetir patrones negativos a ciegas. Sin embargo, cuando miramos hacia el futuro aceptando el pasado, somos amos de nosotros mismos.

Escribir nuestro propio destino para que se manifieste en el futuro depende de nosotros. Cuando te esfuerzas en cambiar tu karma actual, el efecto que produces en tu vida puede mejorar, en algún momento y de modo irreversible, el curso de tu destino kármico. Cuando adoptas la práctica de levantarte temprano, por ejemplo, después de muchos años de dormir hasta tarde, primero tienes que aceptar cómo te sientes cuando te levantas tarde. Una vez que te despiertas temprano de forma continua durante un período de tiempo (siempre que también te acuestes temprano), tu mente empezará a sentirse más clara y serena, y tendrás más energía, siempre que mantengas esta nueva práctica como un hábito dedicado.

Perdona a la(s) persona(s) que te ha(n) enfadado (y perdónate a ti mismo por haber permitido que se crucen límites o por haber hecho algo de lo que te arrepientes)

Perdonar no significa aprobar las malas acciones. Simplemente significa abrir el corazón a la compasión y amarnos por cómo somos, ya que todos viajamos por nuestro cuerpo y por la vida, nos equivocamos y olvidamos quiénes somos de verdad y, por ello, hacemos cosas ignorantes. El perdón no se puede forzar. Así como invitamos a nuestras emociones a salir a la superficie, tenemos que invitar al perdón, establecer una intención de perdonar en nuestro interior y simplemente esperar a que aflore con el tiempo, cuando haya una aceptación profunda de las situaciones por lo que son. También tenemos que perdonarnos a nosotros mismos por todas las veces en que nos hemos dañado aceptando el trato dañino de otros y por dañarnos a nosotros por cuenta propia, incluso con acciones pequeñas, como cuando elegimos comer hamburguesas en lugar de fruta, aunque las hamburguesas no nos hagan bien.

Recuerdo haber recibido una galleta de la fortuna en un restaurante chino en medio de una horrible pelea entre mi padre y yo. La fortuna decía: «Quien hiere a otro se hiere más a sí mismo». Evoco cómo me afectó este aforismo y cómo me abrió el corazón, incluso en el fragor de nuestra discusión.

Tómate la lección que aprendiste de la situación como una manera de reafirmar tu determinación por dentro

Tu aprendizaje podría ser tan sencillo como la confirmación, a partir de tu experiencia de dormir hasta tarde, de la importancia de despertarse más temprano. Tu determinación puede vencer tu propia resistencia a irte a dormir temprano para poder despertarte temprano cada mañana y tener más tiempo y energía para completar las tareas del día. Por lo general, no se trata tanto de lo que uno se resiste a hacer como de *por qué* hay resistencia a hacer lo que nos beneficia más. Es útil preguntarse, ¿hay una parte de mí que se resiste a hacer esto? ¿Por qué? ¿Y puedo llevar amor a esta parte más joven de mí misma?

En mi propio camino, llegué a la lección de romper el ciclo del trauma dentro de mi propia familia a través del poder del amor, la compasión y el perdón. Mi padre, que se había marchado de la India para crear una vida mejor para su familia en Occidente, se enfocó mayormente en mantenernos económicamente. Debido a que siempre gocé de una situación económica desahogada gracias a sus sacrificios, tuve el lujo de disponer de tiempo para ahondar en la vida espiritual. En el proceso de hacerlo, decidí no repetir este ciclo, conectando con el poder de la verdad para liberarnos a todos. Dado que no era de las que infligían castigos a otros, sino que tenía un patrón de castigarme a mí misma, decidí terminar con ese viejo comportamiento, conectando profundamente con el poder eterno de mi propia alma. Sabía que también tenía que hacerlo para asegurarme de que algún día yo misma no repetiría inconscientemente los errores de mi padre y traumatizaría a mis futuros hijos, ya que de otro modo es muy fácil repetir ciegamente lo que otros nos han hecho.

Esto es lo que escribí en mi diario la noche dedicada a Chandraghanta durante mi primera celebración interior de Navratri:

> Mi sankalpa [intención profunda] de hoy es dar muerte a mis formas anteriores, nacer de nuevo como mi verdadera naturaleza. Permitir que mi eterno sol interno [alma] destruya las formas externas que me he visto forzada a asumir, para liberarme de verdad de la prisión de mi propia mente.
>
> Deseo quemar la falsedad y la fantasía para identificarme plenamente con la fuerza de mi alma, que nunca nació y nunca morirá.
>
> Deseo que mis palabras provengan de un lugar de amor incondicional: para mí misma y para los demás, que en realidad forman parte de mi Ser. En concreto, me gustaría contarles a mis

padres acerca de mi voluntad de comprometerme a estudiar y vivir según el ayurveda, que me he mudado por respeto a mí misma para vivir en un entorno pacífico, que estoy dejando mi trabajo para poder estudiar ayurveda y que estoy avanzando en mi plan de negocios. Si no funciona, me postularé a otros puestos de trabajo como plan alternativo para obtener el dinero suficiente para el alquiler, la matrícula y el tiempo que dedicaré al estudio. Venderé mi coche si es necesario y viviré en un lugar más sencillo, ya que no me importa el dinero ni el estatus. Mi objetivo es, y siempre ha sido, estar al servicio de los demás: vivir en paz y poder transmitir esa paz a los demás con mi ejemplo.

Saber y comprender que el alma es eterna nos da un poder inigualable ante el temor que sufrimos cuando intentamos superar obstáculos en nuestra vida y liberarnos de los ciclos kármicos. La transformación requiere la muerte de las viejas costumbres, pero puede parecer aterradora y hacer que permanezcamos apegados a nuestro dolor, sufrimiento y papel de víctima. Cuando verdaderamente aprendemos y desarrollamos la fe en quiénes somos de verdad, como almas eternas encarnadas, podemos liberarnos de los apegos que tenemos a cualquier tipo de victimismo y elevarnos por encima de los sentimientos de opresión.

Una de las claves para establecer estas intenciones es centrarse, por difícil que sea, en lo que se puede ganar con ello. En mi caso, la respuesta era sencilla: la libertad.

Escribí:

Mi necesidad principal es la libertad, y estoy dispuesta a sacrificar algunas de mis comodidades para conseguirla.

Toma medidas para llevar a cabo tu determinación

Pueden ser necesarios muchos ciclos viviendo el tercer día hasta estar preparado para actuar. En mi caso tardé nueve meses en decirles a mis padres la verdad sobre mis planes de futuro.

Después de escucharlos oponerse a gritos a mi decisión (todo mientras recordaba que la diosa Chandraghanta vive en mí), por fin alcé la voz y le dije a mi padre cómo veía yo la situación. Le expliqué que creía que nuestra familia estaba atrapada en un ciclo de comportamientos perjudiciales y que cuando sufríamos momentos dolorosos, infligíamos sufrimiento a los demás o nos lo infligíamos a nosotros mismos. Le dije con calma, pero con firmeza, que él había transmitido lo que le había hecho sufrir mi abuelo a mi madre, a mi hermana y a mí. Yo lo había interiorizado a través de mis trastornos alimentarios hasta el punto de que ya no quería vivir. Estaba cambiando mis decisiones porque el ayurveda me había dado una segunda oportunidad en la vida.

De pronto, la ira y la furia de mi padre se convirtieron en lágrimas y dolor. Hasta entonces solo lo había visto derrumbarse un puñado de veces en mi vida. Me explicó que no sabía hacerlo de otro modo porque así lo había educado su padre. Le dije que lo entendía y que tenía la intención de romper el ciclo ahora y para siempre.

Un par de semanas después, durante Diwali, un festival védico sagrado durante el cual celebramos a la diosa Lakshmi, mi padre me visitó en California, y asistimos a una clase de ayurveda juntos. Al día siguiente, lo guie en *Sandhya Vandanam,* el mismo ritual antiguo de purificación que mencioné en el capítulo 2, que también se utiliza para soltar de manera simbólica los patrones kármicos negativos de tus padres y poder forjar, en última instancia, tu propio destino kármico. *Sandhya* significa «transición» y *Vandanam*, «acción de gracias». Fue realmente una transición marcada por la gratitud. De esa manera, nos deshicimos del pasado y pudimos avanzar hacia el futuro con una relación transformada de padre-hija.

Me siento muy agradecida por que mi padre estuviera dispuesto a someterse al fuego de la transformación conmigo, y también por cómo nuestra relación se ha convertido en una amistad inesperada por la que me sentiré eternamente agradecida. Para sanar el trauma de asociar las comidas con momentos de terror y castigo, inicié una práctica en la que les pedía a todos los miembros de mi familia que expresaran su gratitud unos por otros antes de las comidas festivas. Año tras año, cuando le toca a mi padre, nos recuerda que la vida es una curva de aprendizaje, que debemos aprender algo nuevo cada día, y que siempre aprendemos más de nuestros errores que de nuestros éxitos. Llora cada vez que lo comparte. Se disculpa por sus errores y me asegura que ya no debo temer contarle nada porque confía en mi juicio.

Realmente admiro y respeto a mi padre por cómo ha aceptado su propia curva de aprendizaje y sus errores con dignidad y humildad. Su apoyo incondicional a mi poder como mujer (después de poner a prueba mi determinación) es lo que me inspira a forjar nuevos caminos de transformación para empoderar hoy a las mujeres. Y ver cómo mi padre ha madurado y se ha vuelto más tierno con los años, y que se ha convertido en uno de los mayores y más leales defensores de mi camino espiritual, ha reforzado para mí el poder de la transformación.

El camino a seguir: prácticas para la transformación

PRÁCTICA: *Aleja tus miedos con la postura del león.*

El miedo es un gran obstáculo para practicar el desapego. El miedo a soltarse puede hacer que quedes atrapado en situaciones limitantes y relaciones dañinas. Te hace perder el poder y la conexión con tu verdadera esencia espiritual.

La diosa Chandraghanta monta un león. Cuando sientas miedo, esta diosa y su majestuoso león son amigos a los que puedes recurrir, que simbolizan la valentía frente al mayor de los miedos. Tenemos que plantarles cara a nuestros miedos para practicar soltar todo lo que no somos y abrazar el poder espiritual que existe en lo profundo de nuestro ser, en el tercer chakra.

Antiguos sabios de todas las tradiciones han revelado el poder de observar de cerca la naturaleza. A partir de sus observaciones del mundo natural, han regalado a la humanidad posturas de yoga que nos ayudan a encarnar el espíritu y la esencia de la naturaleza.

Encarar la postura del león sintiendo que te vuelves tan poderoso y fuerte como este animal te empodera para convertirte justamente en eso. En ese sentido, es muy útil buscar vídeos de leones rugiendo e imaginarte a ti mismo rugiendo como el león, rugiéndole a lo que sea que más te asusta directamente, ya sea el miedo a perder a una persona o una situación, el miedo a una persona que te intimida o incluso el miedo a expresar tu verdad.

Tienes que «nombrarlo para domarlo», como dicen muchos psicólogos modernos. Esta postura de yoga te brinda la oportunidad de hacerlo. Una vez que lo hagas, puedes practicar la postura con todo el poder que te da para empezar a alejar tus temores con un rugido, con el apoyo de la diosa Chandraghanta, a la que puedes pedir valor en tu corazón.

Instrucciones

1. Siéntate sobre las rodillas y sepáralas. Coloca las manos en el suelo delante de ti y gíralas hacia ti, de modo que tus dedos apunten hacia el cuerpo y los codos se acerquen a este. Mete las manos debajo de tus muslos.
2. Inclínate hacia delante como un león a punto de abalanzarse. Apoya el peso de tu cuerpo sobre los brazos, con los codos presionando el abdomen.
3. Inhala profundamente por la nariz. Luego abre la boca, extiende la lengua, abre bien los ojos y exhala haciendo un sonido que suene como el rugido de un león.
4. Repítelo de tres a cinco veces, haciendo una pausa entre cada rugido para masajearte suavemente la garganta.

PRÁCTICA: *Haz algo (positivo) que te asuste.*

Se suele citar a Eleanor Roosevelt cuando dijo: «Debes hacer aquello que crees que no puedes hacer». Encuentro que esto es muy cierto. Cuanto más hago cosas que me asustan, más cerca me siento de mi verdadero Ser. Cuando nos enfrentamos a nuestros temores, estos desaparecen. Y lo único que nos queda es nuestra esencia divina.

Saber exactamente lo que debes hacer requiere de la reflexión. En mi vida, me resulta fácil enseñar, escribir, sanar y cuidar de otros, y también organizar y reunir a la gente por una causa común. Exponerme en público, salir en cámara, expresar mi verdad más profunda, enfrentar mi pasado y llevar relaciones personales fue un gran reto para mí al principio, y a veces sigue siéndolo. Abordar cada cosa que me genera miedo y resistencia recordando que la diosa Chandraghanta vive en mi corazón me empodera para hacer lo que creo que debo hacer, que para mí son siempre acciones al servicio de la salud y la espiritualidad de todos.

Si eres profesor, por ejemplo, entonces debes enseñar. No para gratificar el ego. Ni siquiera para ayudar o encumbrar a otro (aunque eso fuera algo altruista). El objetivo es hacer que tu acción sea tan pura que te libere de la esclavitud del deseo y te lleve a conectar con tu Ser verdadero. Así que enseña (o haz lo que seas capaz de hacer) porque sí, sin apego a los resultados. Las acciones más puras son las que están libres de deseo y, como resultado, te acercan a tu esencia espiritual; puede que estas acciones te causen temor, pero las realizas porque sientes que es tu deber llevarlas a cabo por el bien superior de todos.

PRÁCTICA: *Enciende una lámpara con la intención de que el fuego consuma un obstáculo que enfrentas.*

Cuando estuve inmersa durante nueve años en el solitario peregrinaje espiritual para conocer mi propio ser, solía encender una lámpara todas las mañanas. Hacerlo era una forma de conectar con el poder de mi luz interior, y poder enfrentarme a las fuerzas oscuras que por momentos nos acechan a todos.

La luz de la lámpara en la antigua tradición espiritual védica representa nuestros intentos de encontrar la luz en medio de la oscuridad, por nuestra condición de seres espirituales, con todo el poder imaginable en nuestro interior. Pero olvidamos quiénes somos y, por tanto, perdemos nuestro poder. El objetivo del viaje espiritual es recordar constantemente el poder del alma.

Hay muchas maneras de despertar el recuerdo profundo de tu identidad verdadera como alma (no como cuerpo, mente o intelecto) y encender una lámpara o una vela es una de ellas. Al despertar este recuerdo, desaparece la resistencia a los obstáculos. Combinar la práctica física de encender una lámpara con el acto de apropiarte de la voluntad interior para superar los obstáculos que enfrentas te empodera para conectar con el poder de la diosa Chandraghanta en tu interior. Cuando se realiza esta práctica, ayuda afirmar que «la luz y el fuego de la diosa Chandraghanta vive en mi interior como el poder de mil soles radiantes».

PRÁCTICA: *Ingiere alimentos tibios y cocinados.*

En el ayurveda, la clave para la transformación en tu tercer chakra es digerir tus alimentos, lo que te ayuda a digerir la información que ingieres, así como tus emociones y experiencias de vida. Cuando comes alimentos calientes y cocidos, puedes hacerlo estableciendo la intención de ofrecer los alimentos que comes para despertar el poder de la diosa Chandraghanta en tu interior.

El calor del fuego en el proceso de cocción es purificante. Comer alimentos tibios y cocidos favorece la transformación de lo que comes en nutrientes que tu cuerpo puede utilizar para tener inmunidad y fuerza. Es como cuando lavas los platos. El agua tibia limpia la suciedad de los platos mucho más fácilmente que cuando intentas hacerlo con agua fría. Tu cuerpo funciona de modo similar. Las sustancias tibias limpian las toxinas de tu sistema, mientras que las sustancias frías permiten que se acumulen e incluso se multipliquen. Cuando alimentas a tu cuerpo con sustancias tibias, enciendes el fuego digestivo; en cambio, las sustancias frías lo apagan.

Muchos de los estudiantes y clientes con los que trabajo para cambiar su estilo de vida a uno más ayuvérdico notan la gran diferencia digestiva que hace el cambiar las comidas frías y crudas a unas más tibias y cocinadas. Este simple cambio puede revertir el estreñimiento crónico y resolver otros problemas de salud, ya que una digestión sana y equilibrada se considera clave para la salud general en todos los ámbitos.

PRÁCTICA: *Incorpora especias que favorezcan la digestión en los alimentos.*

Puedes evocar el poder de la transformación con especias. La mayoría de las especias ayurvédicas poseen mucho elemento fuego, que está conectado con la diosa Chandraghanta en tu tercer chakra.

Una de estas especias es la pimienta negra. El nombre sánscrito de la pimienta negra es *maricha*, uno de los nombres del sol, la fuente de fuego más grande de la Tierra. La pimienta negra transmite un calor y un fuego intensos y ardientes para que puedas digerir mejor los alimentos (no la utilices si sufres de acidez estomacal, reflujo ácido u otros problemas relacionados con el calor). Las semillas de comino son como una cerilla para encender la digestión, pero son lo bastante suaves como para no quemar el cuerpo. Las semillas de hinojo son una especia más dulce, que favorece la digestión y alivia la acidez. Las semillas de cilantro son una especia única que potencia tu fuego digestivo al tiempo que elimina el calor de tu cuerpo.

Puedes incorporar cualquiera de estas especias al cocinar tus platos salados favoritos (idealmente con ghee, que es mantequilla clarificada, un medio de cocción que estimula la inmunidad y la digestión). Incluso si no cocinas, añadir 1/4 cucharadita de alguna o de todas estas especias a tus alimentos (según tus necesidades personales) beneficiará tu digestión.

PRÁCTICA: *Siéntate en la postura del rayo después de comer para favorecer la digestión de alimentos, emociones y experiencias vitales.*

La postura del rayo debe su nombre al rayo del dios védico Indra, un arma utilizada para lograr el bien y restablecer la confianza ante la oscuridad. Puedes conectar con esta energía poderosa en tu interior después de cada comida. Me encanta cómo esta postura yóguica conecta lo mejor de tu manifestación física (tu tercer chakra, donde creas salud a través de tu capacidad de digerir) con tu conciencia más elevada (tus chakras superiores).

La diosa Chandraghanta, situada en tu tercer chakra, te da el poder de devorar toda clase de alimentos y enfermedades (así como el dolor y las resistencias) que ella consume. También te otorga un fuego digestivo saludable cuando la recuerdas en tu propia digestión y en las prácticas que facilitan una digestión sana.

Para practicar la postura del rayo, siéntate con la espalda recta al terminar de comer, con los ojos cerrados y durante varios minutos.

Visualiza un rayo lleno de inmunidad, vitalidad, fuerza y el poder de digerirlo todo en tu vida. Este rayo de energía conecta la base de la columna vertebral con la parte superior de la cabeza. Cada vez que adoptes esta postura, imagina que digieres y transformas todo lo que entra en tu cuerpo en algo positivo.

PRÁCTICA: *Date permiso.*

Esta es una de las prácticas más potentes, y me ha permitido liberarme de mis propios apegos personales. «Me doy permiso» es un mantra que se dirige a mi ser subconsciente más profundo y me ayuda a superar los juegos de poder que otros han utilizado conmigo a lo largo de los años.

Para darte permiso, primero debes aceptar el poder de la autoaprobación. Aunque siempre he tenido un carácter valiente y audaz como la diosa Chandraghanta, cuando era más joven era extremadamente sensible a la desaprobación.

Recuerdo una conversación con mi madre cuando era adolescente. Me miró a los ojos y se asustó al ver en mí a una leona. No le gustó, y eso me dolió. A partir de aquel día, empecé a ocultar mi poder, para no perder su amor ni el de los demás.

Para recuperar mi poder, primero tuve que darme permiso para ser dueña de mi poder. Al principio fue aterrador, pero la intención de darme permiso me ayudó a definir la vida en mis propios términos, al margen de las expectativas y los deseos de personas como mis padres, otros familiares con buenas intenciones, e incluso amigos.

Para mí, la forma más eficaz de darme permiso es escribir mis intenciones sobre lo que quiero darme permiso para hacer o sentir en específico. Por ejemplo, tuve que darme permiso para sentir ira por el trauma que sufrí en la infancia, que permitió incluso más experiencias traumáticas en los primeros años de mi vida adulta. La ira en las mujeres no está bien vista, así que antes de eso no era algo con lo que hubiera conectado en mi interior.

Darte permiso puede significar crear un espacio seguro para que puedas sentir emociones que han estado ocultas durante mucho tiempo. Puede significar darte permiso para embarcarte en una nueva rutina de bienestar que quizá sacuda el barco de tu familia, pero que sabes que en última instancia te llevará a sanar. Darte permiso puede significar lanzar tu propio negocio o pódcast, algo que nunca te has permitido hacer por la razón que sea.

Antes de emprender esta nueva actividad, escríbete el mantra «Me doy permiso para_____» y luego rellena el espacio en blanco. El primer paso es siempre la parte más difícil del cambio, y el comienzo de todas las grandes cosas en tu vida empieza por darse permiso a uno mismo.

PRÁCTICA: *Mantente firme en tus creencias.*

Esta es, de lejos, una de las mejores cosas que puedes hacer cuando necesitas recuperar tu poder personal frente a la adversidad. La diosa Chandraghanta es el modelo perfecto cuando se trata de mantenerse firme en las propias creencias. Cuando brama, los demonios corren a ponerse a cubierto, pero no es que esté enfadada; es fuerte y no pone excusas por serlo.

Chandraghanta nos enseña cuándo debemos apoyar una causa y cuándo es el momento de ir a la guerra y ganar la batalla por el *dharma*, el mayor bien de todos. Un ejemplo práctico de esto es cuando uno de los padres abusa del otro y también de los niños de la familia. Es necesario que el cónyuge maltratado adopte una postura firme por el bien de toda la familia.

Lao-tzu dijo una vez: «El mejor luchador nunca está enfadado». La ira sana es necesaria para sentir y experimentar con plenitud, para registrar cuándo se han violado tus límites. Sucede como advertencia interna que te ayuda a encontrar el valor para defenderte. Pero antes de hacerte valer, es útil resolver la ira mediante la descarga. Puedes hacerlo escribiendo, golpeando un saco de boxeo, practicando artes marciales (mi forma favorita de canalizar la ira de forma sana y constructiva) o hablando con alguien de confianza. Dale tiempo a este proceso. También debes soltar lágrimas. El dolor vive por debajo de la ira, por lo que debes soltar el dolor para liberarte del apego, que te mantiene sin poder.

Una vez que hayas procesado la rabia de esta manera, estarás preparado para mantenerte firme en tus convicciones, fruto de la compasión por ti mismo y por la otra persona. Esto es importante, ya que cualquiera que te haya hecho daño solo fue capaz de hacértelo porque él mismo se sentía herido. Ser capaz de sentir compasión por la otra persona (o personas) te empodera para actuar de forma poderosa, por el bien mayor, libre de las garras negativas de la ira. Esto es lo que significa convertirse en un verdadero guerrero espiritual, como la diosa Chandraghanta.

PRÁCTICA: *Repite el mantra «Soy un ser poderoso».*

A lo largo de mi vida, me he encontrado con personas a quienes no les gustaba mi poder e hicieron todo lo posible por quitármelo. Cuando era más joven y no entendía la espiritualidad, solía ceder mi poder para intentar sentir seguridad emocional haciendo que los demás se sintieran cómodos. Pero una parte de mí se moría cada vez más por dentro.

Mi búsqueda de espiritualidad fue, en gran medida, un intento por recuperar mi poder, aunque me llevó muchos años y mucha paciencia conseguir este objetivo. El poder, después de todo, es espiritual. No se trata de qué cargo, posición o estatus poseas. No se trata de dinero, apariencia, conocimiento de libros o cualquier otro logro externo.

En cuanto al poder del alma, el Bhagavad Gita, la Biblia de la tradición del yoga y uno de los libros de texto espirituales más importantes del mundo acerca de cómo vivir en paz y de modo empoderado, dice:

Las armas no pueden cortarla.
El fuego no puede quemarla.
El agua no puede mojarla.
El viento no puede secarla.

Hay un término sánscrito, *avinashi*, que significa «indestructible». Cuando atravesaba un túnel largo y oscuro de gente que intentaba por todos los medios apoderarse de mi poder, me recordaba constantemente que soy *avinashi*. Soy un ser poderoso porque soy, ante todo, un ser espiritual. Como consecuencia de este recuerdo constante, llegué al final de aquel túnel, transformada, y volví a empezar mi vida en mis propios términos.

> «Soy un ser poderoso porque soy un ser espiritual».

Parece engañosamente simple, pero recordar este mantra en particular confiere un increíble poder: «Soy un ser poderoso porque soy un ser espiritual». Ya eres un ser poderoso. Es simplemente una cuestión de recordarte tu poder. Repitiendo este mantra en tu mente de modo consciente, especialmente frente a obstáculos, desafíos y *bullies* de diferentes tipos, experimentarás un gran aumento de tu poder y luz propios frente a la oscuridad.

CAPÍTULO 4

El arte de amar a tu Ser verdadero

Debes elevarte a ti mismo, solo, y no degradarte. Solo tu ser es tu amigo. Solo tu ser es tu enemigo.

—BHAGAVAD GITA, capítulo 6, verso 5

Cultivar el amor

¿Qué es el amor? Es una pregunta que los seres humanos han estado haciéndose durante milenios en todas las culturas y tradiciones. Cuando escuchas la palabra *amor*, puede que pienses inmediatamente en el amor romántico. O tal vez imagines a tu familia, un amigo querido o incluso una mascota. Ciertamente, el amor *es* todas estas cosas, pero dentro de la tradición espiritual védica, el amor es mucho más que el amor que damos y recibimos de otros. Significa reconocer tu unicidad con todos los seres vivos. Cuando realmente te sientas uno con el mundo entero, podrás decir que conoces el amor. Es un estado soberano del ser que lo incluye todo.

Por desgracia, los seres humanos solemos confundir amor y apego. Sin embargo, existe una importante distinción entre ambos que debemos discernir regularmente por el bien de nuestra propia soberanía emocional y por la salud de todas nuestras relaciones. Swami Parthasarathy comparte bellas ecuaciones matemáticas para expresar la diferencia entre amor y apego:

Amor + Egoísmo = Apego
Apego - Egoísmo = Amor verdadero

Nuestros propios deseos (de aprobación, afecto, reconocimiento y validación de otros) contaminan nuestra capacidad de amar verdaderamente a los demás como a nuestro propio ser. Cuando hacemos cosas por otras personas (en las relaciones, el trabajo y situaciones como publicar en las redes sociales) con el deseo de obtener algo a cambio, actuamos motivados por el apego. Nuestros apegos son lo que se interponen en nuestro camino de experimentar el amor verdadero.

Como Swami Rama Tirtha reveló una vez: «La manera de ganar algo es perdiéndolo». Por paradójico que suene, es cierto. Tenemos que renunciar a lo inferior (apegos a nuestros deseos) para ganar lo superior (el amor, que respeta nuestra soberanía y la de los demás).

Cuantos más seres intentamos beneficiar con nuestras acciones, más puros se vuelven nuestros corazones y más alegres y bondadosos nos sentimos. Este estado emocional hace automáticamente que nuestras acciones sean más potentes y tiende a atraer con más facilidad un mayor éxito exterior.

Aunque disfruto de todos los días del ciclo, aprecio especialmente el día cuatro por sus cualidades para abrir el corazón. A veces dedico este día a procesar el desamor, pero, con la misma frecuencia, es un día en el que impregno mis relaciones y mi trabajo de felicidad, risas y júbilo que me viene de adentro.

Valoro especialmente el día cuatro por mi propia experiencia, ganada con tanto esfuerzo. En este camino, he visto cómo el amor por uno mismo es el amor supremo, porque solo cuando nos amamos a nosotros mismos podemos amar a los demás. Puede que ya hayas escuchado este pensamiento, pero este día, esta semana, este mes, es una oportunidad para considerar lo que realmente significa amar a tu Ser verdadero.

Mi camino hacia el amor propio se reveló con más fuerza a través de la disolución de mi relación con una amiga en quien confiaba y a quien amaba mucho. Cuando tuvimos un desacuerdo, como les ocurre a todos los amigos, me sorprendió ser la víctima de su traición y su ira.

Gracias a la práctica de Navratri (específicamente, gracias a recordarme constantemente que soy un ser poderoso y a tocarme el corazón y afirmar «me amo incondicionalmente»), pude sanar la relación antes de darme cuenta de que abandonar la amistad era la mejor manera de honrar tanto a mi propio Ser verdadero como al de mi amiga.

En este capítulo, te presentaré a Kushmanda, el cuarto avatar de Durga. Juntos, exploraremos cómo evaluar tus valores, necesidades y sentimientos, y cómo discernir entre amor y apego en tu trabajo y tus relaciones. Luego te orientaré en los pasos que puedes tomar para permitir que el amor verdadero brille en todo lo que haces, de modo que tú mismo puedas *convertirte* en el amor mismo.

Conociendo a KUSHMANDA

La diosa Kushmanda es conocida como la diosa sonriente, y el significado de Kushmanda es «pequeño huevo cósmico». Tras adoptar la forma ferozmente amorosa de Chandraghanta, Durga se transforma en Kushmanda, la madre de todo el universo.

Antes de que se creara el universo, cuando reinaba la oscuridad, Kushmanda produjo un pequeño huevo cósmico con su hermosa sonrisa. Esto sirvió para llenar el universo con la luz radiante del sol. Kushmanda habita en la tierra del sol y da energía a todos los seres, a los que ella creó a partir de su vasto ser. ¡Es tan poderosa y amorosa que incluso guía al dios Sol!

Después de crear el universo, la Madre Kushmanda creó seres para que residieran en su divina creación cósmica. Los tres primeros fueron las diosas Kali, Lakshmi y Saraswati, que representan los poderes de purificación, abundancia y sabiduría. Kushmanda, como el poder de toda la creación del universo, dispuso que estas tres diosas poderosas dieran a luz a tres dioses masculinos poderosos. Emparejó a cada dios con una diosa diferente. A partir de ahí, los dioses masculinos fueron imbuidos de la semilla de la creación de nuevos seres vivos.

Kushmanda es el huevo cósmico de toda la creación en la Tierra, y también vive en nuestros corazones. El hecho de que sonría nos recuerda que nosotros también somos más creativos cuando sonreímos y nos sentimos positivos, corajudos (una cualidad del corazón) y fuertes. El hecho de que esta diosa, al igual que Chandraghanta, cabalgue sobre un león, muestra que el poder del amor es tan potente como el fuego de la transformación. Nos recuerda que la capacidad de amar proviene de la fortaleza interior. Cuando nos sentimos confundidos por el temor, la ira y la tristeza, puede ser difícil imaginar que un día volveremos a tener la fortaleza para amar. Pero Kushmanda está aquí para recordarnos que, por muy desconsolados que nos sintamos a veces, el poder del amor vive dentro de nosotros, y podemos acceder a él y convertirnos en nuestra mejor versión creativa en cualquier momento.

La compasión y el amor no son debilidades. Son cualidades que solo las personas verdaderamente poderosas pueden sentir y expresar. Después de mantenernos firmes en nuestras creencias, incluso ante nuestra pareja (como lo hizo Chandraghanta), se nos pide que abramos nuestros corazones al poder sanador del amor. Para amar de verdad a los demás, incluso a los que nos han hecho daño, debemos, ante todo, amarnos a nosotros mismos. Cuando recordamos que el poder de amar es un don que podemos dar mejor a los demás si primero nos lo damos a nosotros mismos, nos sentimos más fuertes e inspirados desde dentro. Esto nos ayuda a superar la trampa común de buscar el amor en los lugares equivocados, como en las parejas abusivas, los comportamientos adictivos y el escapismo a través del trabajo, la comida u otras fuentes de éxito o satisfacción. Hacemos todo esto cuando evitamos sentir dolor en nuestro corazón. Pero para sanar, tenemos que sentir. Una vez que nos abrimos a sentir nuestro dolor (de cualquier forma que nos parezca natural), la diosa Kushmanda está ahí en nuestros corazones para recordarnos que lo único que queda es el amor.

> Para sanar, tenemos que sentir.

Es imposible elegir a una diosa favorita, ya que todas son inspiradoras y poderosas por sus propósitos específicos, pero si tuviera que elegir una, sería Kushmanda. Sentirla en mi corazón me ha ayudado a sanar muchas heridas profundas en mi vida y me ha dado la fuerza para empezar de nuevo tras experimentar grandes pérdidas. Siempre que recuerdo a Kushmanda, sonrío para mí misma y recuerdo que el viaje espiritual no debe tomarse demasiado en serio. Cuando me relajo, puedo crear y compartir amor sin la intención de buscar nada a cambio.

EL AMOR Y EL CUARTO CHAKRA

El poder del amor está conectado con tu cuarto chakra (llamado «chakra del corazón»). Está situado en la zona del corazón. Aquí es donde tu energía comienza a fluir hacia los ámbitos superiores de la conciencia, más allá de tu ego, y más cerca de tu Ser superior. El chakra del corazón es como un soplo de aire fresco. Está asociado con el elemento aire y el sentido del tacto. Cultivar el poder del amor equilibrando el cuarto chakra te proporciona el don del amor propio, un fundamento necesario para amar a todos los demás y manifestar abundancia en tu trabajo.

A Kushmanda se la representa riendo. Después de haber recorrido el camino de purificación del ego en los tres chakras anteriores, ¡ahora se nos recuerda que no debemos tomarnos demasiado en serio nuestro viaje espiritual! La risa de Kushmanda nos recuerda que somos más creativos cuando nos reímos (no cuando estamos estresados). Abrir el chakra del corazón nos lleva a vivir el amor hacia uno mismo, el tipo de amor que nos da plenitud en la vida.

Realizar una evaluación

Incluso el mero hecho de pensar en el amor en tu vida puede acarrear sentimientos de profunda alegría, pero también de gran tristeza. Por desgracia, es imposible hacer realmente los cambios que quieres sin evaluar con honestidad las relaciones que tienes con los demás, con tu trabajo y, lo más importante, contigo mismo. Como es tan fácil extraviarnos en el trabajo, las relaciones con los demás y las redes sociales, tenemos que hacer un esfuerzo concertado para definir nuestros valores como nuestra ancla. También es necesario que dediques tiempo a entrar en contacto con tus propios sentimientos y necesidades, y mirar sin prejuicios dónde se ha colado la fuerza del apego invisible pero potente en tu vida.

Cuando empezamos a vivir en consonancia con nuestros valores, no solo damos amor a los demás, sino que nos convertimos en amor. Y cuando nos convertimos en amor, automáticamente nos sentimos plenos por dentro. Ya no necesitamos mendigar el amor y la aprobación de los demás; en cambio, podemos responsabilizarnos de nuestras propias necesidades y sentimientos para asegurarnos de que seguimos siendo la encarnación del amor puro.

Al comenzar el proceso de evaluación (y será un proceso que puede llevar pocos o muchos ciclos viviendo el día cuatro con la diosa Kushmanda), puedes preguntarte primero cuáles son tus valores y qué es lo más importante para ti. A partir de ahí, también puedes plantear estas preguntas:

1. ¿Cómo me siento realmente en este momento? (A veces tengo que hacerme esta pregunta una y otra vez para llegar a mi realidad, ya que a menudo los otros han tachado mis sentimientos de inaceptables). ¿Cómo me siento respecto a mis relaciones? ¿Mi trabajo? ¿Mi contenido en las redes sociales?
2. ¿Qué necesidades básicas tengo que no estoy dispuesta a comprometer por nadie más?
3. ¿Honro mis propios sentimientos y necesidades cuando estoy con otras personas?

4. Si estuviera sola, ¿tomaría decisiones diferentes de las que tomo cuando estoy rodeada de otras personas?
5. ¿Qué relaciones me hacen plena? ¿Cuáles me quitan energía?
6. ¿Dónde se han colado los apegos en mi vida? ¿Qué me quita el sueño por la noche? ¿En quién o en qué me cuesta dejar de pensar?

El arte de amar a tu Ser verdadero

El arte de amar a tu Ser verdadero es uno de los superpoderes que sientes cuando conectas con el poder de la diosa Kushmanda. A continuación, he esbozado el viaje que yo recorrí para amarme a mí misma, pero te animo a que modifiques estos pasos según sea necesario para llegar a conocerte y amarte con todo tu corazón y con la actitud positiva, el coraje, la fuerza y la alegría de la diosa Kushmanda.

Haz tiempo y un espacio para honrar tus propias necesidades

Cuando damos prioridad a nuestras relaciones con los demás, es muy fácil dejarnos llevar por el momento. Desgraciadamente, incluso antes de reconocerlo como un problema, podemos sentir el trastorno emocional que supone no honrar nuestros propios sentimientos y necesidades. Por eso es necesario que vuelvas a ti mismo y dediques tiempo a aprender sobre ti y lo que quieres para tu vida.

Incluso después de años de estudio y práctica espiritual, yo seguía tan habituada a dar prioridad a las necesidades de los demás por encima de las mías que hizo falta que una de mis mejores amigas me traicionara para darme cuenta de lo habitual que se había vuelto traicionarme a mí misma. Solo me di cuenta de ello cuando dediqué tiempo a conectar con mis propias necesidades de modo deliberado.

Observa qué necesidades emocionales están siendo satisfechas por tus relaciones actuales, el trabajo u otras situaciones (como compartir en las redes sociales) en las que existen muchos apegos

Antes de poder soltar realmente lo que nos hace daño, debemos observar y comprender las necesidades emocionales que están satisfaciendo nuestras situaciones actuales. Esto garantiza que podamos responder a estas necesidades y evitar que repitamos las mismas pautas de comportamiento y relación en nuevos contextos y con nuevas personas.

La Dra. Maya Angelou dijo una vez: «Cuando las personas te muestran quiénes son, créeles la primera vez». Cuando mi amiga y yo discrepamos por primera vez sobre una situación laboral en la que colaborábamos, me vi obligada a observar cómo yo definía mi valor en función de mi disponibilidad para ayudar a los demás. También tendía a ceder mi poder a otros a cambio de la seguridad emocional de que alguien me brindara apoyo, aunque fuera de una forma poco sana. Estas estrategias de afrontamiento eran el modo en que evitaba sentir el dolor de mi propia infancia, pero también el modo de retrasar tener que asumir plenamente mi poder como líder (y soportar los celos y las instancias desagradables del liderazgo). Mientras tanto, me abandonaba a mí misma por no honrar mis propias necesidades. Yo era mi propia enemiga.

Practica soltar tus apegos como fruto de un amor verdadero

El viaje espiritual es el camino más difícil que cualquiera de nosotros puede elegir, porque implica asumir mucha responsabilidad. Cuando realmente comprendemos la ley del karma, nos convertimos en seres radicalmente responsables. No le echaremos a nadie más la culpa por nuestras desgracias en la vida, sino que haremos todo lo posible por limpiar nuestro karma, en lugar de enfadarnos y actuar como víctimas, lo que solo genera más karma que deberá ser resuelto en situaciones futuras.

Habiendo descubierto el patrón no examinado en el que me traicionaba a mí misma, discerní que cortar los lazos con mi falsa amiga sería amigarme conmigo misma. Pero en lugar de cortar los lazos con ella sintiéndome resentida por sus comportamientos y sentimientos crueles hacia mí, dediqué tiempo y energía a dirigirle amor, de modo que cuando corté el vínculo con ella, reconoció sentirse amada por mí y amarme. Habiendo soltado con amor me deja con paz en el corazón a pesar del distanciamiento.

Actúa en consonancia con tus valores, con un espíritu de amor, alegría, juego, devoción e incluso risa reemplazando todo apego al (los) resultado(s) de tu(s) acción(es)

En los Vedas aprendemos que el amor se expresa en última instancia a través de nuestras acciones. La palabra sánscrita para «acción», curiosamente, es *karma*. Lo que la tradición espiritual védica nos enseña a practicar es el karma yoga en términos de nuestras acciones. El Bhagavad Gita nos instruye sobre cómo podemos elevarnos y ser amigos de nosotros mismos estando completamente presentes en nuestras acciones y simplemente actuando al servicio del *dharma* (el mayor bien de todos) sin ningún apego a los resultados de nuestras acciones.

Después de dejar ir a mi amiga con amor, me comprometí a encarnar todo mi poder como líder sintiendo continuamente mis sentimientos, amándome a mí misma, discerniendo y actuando según lo que sentía que debía hacer. Hacerlo finalmente fue una sensación increíblemente liberadora.

Cuando actúas según los valores que has definido personalmente como los más importantes, tienes la facultad de controlar automáticamente tus deseos egoístas y desarrollar tu capacidad para darte cuenta de tu Ser verdadero. También te ayuda a volverte abundante, porque actuar desinteresadamente por un propósito más elevado que nosotros mismos es mucho más empoderador que intentar satisfacer nuestros deseos innobles.

No tenía ni idea de cuál sería el resultado de elegir dejar ir a mi falsa amiga y abrazar mi propio liderazgo. Pero definitivamente sentí que era lo correcto. Me sentí como una oruga que emerge como mariposa, más ligera, más feliz y libre al alejarme del drama y volver a empezar mi vida según mis propias creencias. Me siento agradecida por haberme entrenado en la práctica del karma yoga durante las dificultades, de modo que ahora mi trabajo, con personas mucho más maduras que poseen valores compartidos, parece un juego.

COMPRENDER LA LEY DEL KARMA

La ley del karma es la ley espiritual más importante que rige nuestra existencia. Nada ocurre al azar en este universo. Todo lo que experimentamos se debe a una cadena infinita de causas y efectos que ha conducido al momento presente. Inicialmente, la ley del karma puede ser un concepto que provoque emociones negativas porque puede parecer que le echa injustamente la culpa de los abusos a quienes los reciben. Sin embargo, cuando realmente comprendes y aceptas la ley del karma, se trata realmente de una fuerza extremadamente motivadora. Puede inspirarnos a saber que, así como somos responsables en última instancia de todo lo que nos sucede al nivel más profundo, somos igualmente capaces de reescribir el guion de nuestra vida. Podemos hacerlo creando acciones conscientes en el presente que lleven a acontecimientos futuros más felices con el tiempo.

El camino a seguir: prácticas para el amor

PRÁCTICA: *Tócate el corazón y afirma: «Me amo a mí mismo incondicionalmente».*

Esta es una práctica muy sencilla pero profundamente enriquecedora para sanar tu corazón. Es una forma de comprobar cómo están tus emociones y asegurarte a ti mismo, independientemente de lo que sientas, de que vas a apoyarte para atravesar el malestar. Te permite calmarte y reconfortarte al conectar con tus propios sentimientos en lugar de evitarte o huir de ti mismo con hábitos poco saludables, como beber demasiado, enviar mensajes de texto, navegar por Instagram demasiado tiempo, etc.

En sánscrito «tu Ser verdadero» se denomina *santosha*, o «satisfecho y alegre desde el interior». Esto difiere de la satisfacción o alegría comunes, que surgen de situaciones y circunstancias externas. La verdadera satisfacción está presente en tu interior, independientemente de las emociones temporales que puedas experimentar en un momento dado. Cuando te tomas un momento (o varios) para tocar tu propio corazón, te das una oportunidad para calmar la ansiedad y sentir tus emociones como una forma de sanarlas y darte a ti mismo la seguridad de que puedes contar contigo.

PRÁCTICA: *Sana tu corazón con rosas*

Las rosas se consideran una flor *hrdaya* en ayurveda, lo que significa que son beneficiosas para el corazón emocional y físico. Puedes sanar tu corazón del dolor, la rabia y la irritabilidad simplemente deteniéndote a oler aceites esenciales de rosas u oliendo rosas de verdad. Hacerlo no solo eleva tu corazón, sino que también te ayuda a sentirte más centrado. También puedes intentar darte un baño tibio con pétalos de rosa. Esto es especialmente útil si te sientes agobiado por el trabajo, sobreestimulado o agotado. Otra idea es rociarse la cara con un espray de infusión de rosas para reducir el calor corporal.

Las rosas son comestibles, y puedes preparar un batido relajante de estas flores para incorporar también el poder que tienen para sanar el corazón. Aquí tienes una receta que puedes probar:

INGREDIENTES

1 higo grande seco o dos medianos (deben haber estado en remojo toda la noche)
1 taza de leche de almendras, de avena, de arroz o de vaca
2-4 pétalos de rosa ecológica y sin pesticidas

PREPARACIÓN

1. Batir el higo (los higos) y los pétalos de rosa para crear una pasta bellamente perfumada.
2. Verter la leche en una olla mediana. Añadir la pasta y dejar que hierva todo.
3. Retirar la leche del fuego y servirla caliente.

Las rosas son excelentes para embellecer la piel si está enrojecida, sensible, envejecida o inflamada. Puedes preparar un desmaquillador mezclando 1/2 cucharada de agua de rosas y 1/2 cucharada de leche. A continuación, lávate la cara con este desmaquillador y enjuágala con agua a temperatura ambiente. También puedes exfoliar la piel con 1 cucharadita de agua de rosas, otra de leche y otra de azúcar piedra (molido hasta convertirse en un polvo fino), mezclados con 1/2 cucharadita de miel (si tienes la piel caliente o grasa) o ghee (si tienes la piel seca).

Sea cual sea el método que elijas para beneficiarte de las rosas, recuerda la alegría de la diosa Kushmanda que habita en tu corazón mientras lo haces.

PRÁCTICA: *Cuídate con aceite cada mañana antes de ducharte.*

La palabra «aceite» en sánscrito es *sneha*, que también significa «amar». Aplicarse aceite tibio en la piel antes de ducharse por la mañana, en ayunas, es una hermosa forma de abrir el chakra del corazón e impregnar la piel con fuerza y amor. Los antiguos textos ayurvédicos revelan que aplicar aceite al cuerpo con regularidad es una poderosa práctica de antienvejecimiento que alivia el agotamiento, nutre el cuerpo, calma la ansiedad y proporciona un sueño reparador, longevidad y una piel radiante.

La sensación de aceitar el cuerpo es como tratarse a uno mismo con el amor y el cuidado que se le daría a un bebé. En la India, las mujeres tradicionalmente reciben masajes diarios con aceite, junto con sus bebés, durante cuarenta días o más después del parto. La diferencia que supone para la piel y el bienestar general es como lo que le sucede al cuero de un zapato. Sin lustrar, el cuero se vuelve áspero y se seca rápidamente. Pero cuando se pule, brilla. De todos modos, los beneficios de esta práctica van más allá de la barrera de tu piel. Te llena de tu propio amor, y por lo tanto te empodera para conectar con la diosa Kushmanda en tu corazón.

Instrucciones

Puedes aplicar aceite de sésamo orgánico en las estaciones frías y aceite de coco orgánico en las estaciones cálidas. Si no estás seguro de la estación en la que estás, simplemente combina ambos aceites.

1. Llena la bañera con agua caliente del grifo. Coloca el tapón para que el agua permanezca dentro de la bañera. Introduce la botella de aceite en el agua. Caliéntala durante unos minutos.
2. Siéntate sobre una toalla y frótate el aceite en la planta de los pies con los dedos. Luego, continúa frotando, subiendo desde los pies hasta el resto del cuerpo (la cara es opcional). En los huesos largos, frota el aceite de arriba abajo, y en las articulaciones, de forma circular. Pon energía en ello. Cuanto más enérgicamente frotes la piel con el aceite, más profundamente penetra, y más profundos son sus beneficios rejuvenecedores.
3. Dedica más amor, cuidado y tiempo a cualquier zona que te duela o esté reseca.
4. Dúchate con agua tibia. El calor del agua permitirá que el aceite penetre más profundamente en la piel.
5. Utiliza harina *moong daal* (de lentejas) como sustituto del jabón o un jabón a base de aloe vera o aceite de coco para asegurarte de que tu piel no se reseque con el jabón.

NO TE APLIQUES ACEITE SI SUFRES CUALQUIERA DE ESTAS SITUACIONES:

- Menstruación.
- Estreñimiento o diarrea.
- Resfriado o tos.
- Fiebre.
- Heridas o sarpullidos (evita aplicar aceite en esas zonas).
- Un día lluvioso o nublado (la humedad ambiental dificulta la absorción del aceite).

PRÁCTICA: *Escribe una carta abriéndole el corazón a alguien que ames y que te haya decepcionado.*

Poner tus emociones por escrito es terapéutico. A menudo, sin saberlo, guardamos dolores no procesados en el corazón, donde nos impiden sentir amor. Por lo tanto, tenemos que trabajar para liberar nuestro dolor con el fin de desbloquear nuestro corazón.

Cuando apareció en mi vida alguien más adecuado para mí unos meses después de la última vez que vi a mi exnovio, era una señal clara del universo de que necesitaba dejar ir completamente a mi ex de mi corazón. Escribir una carta en la que le expresaba mi amor sincero y paciente y mi esperanza de que se convirtiera en la gran persona que siempre sentí que podía llegar a ser me ayudó a aliviar el corazón. Pero era un dolor que ni siquiera una pareja mucho más adecuada para mí podía sanar de inmediato.

Tuve que enfrentarme a la verdad de mi corazón, sentir plenamente todas mis emociones, algo que solo logré al escribir y luego leerme la carta a mí misma una y otra vez (e incluso en voz alta a alguien en quien confiaba profundamente). Una vez que puse las palabras por escrito, sentí como si estuvieran fuera de mí. Las emociones podían liberarse en la página, y eso me hizo sentirme más libre y sabia por la experiencia de la relación. Por supuesto, aún seguía llorando cuando pensaba en él, pero el hecho de haber escrito la carta me dio la sensación de irreversibilidad, comprensión y determinación que permitió que las emociones posteriores me invadieran con más facilidad.

Cuando escribas una carta a un ser querido que te haya hecho mucho daño, hazlo con la intención de conservar estas palabras para ti. Esto te ayudará a manifestar todo lo que necesites libremente, sin miedo a las consecuencias. Se necesita fortaleza para hacerlo, pero es profundamente terapéutico, y un acto para el cual puedes llamar a la diosa Kushmanda en tu corazón para que te ayude. Debes saber que, por doloroso que sea sentir tus emociones de esta manera, hacerlo te ayudará a abrir tu chakra del corazón, para poder recibir nuevas relaciones y experiencias hermosas.

PRÁCTICA: ***Escucha música relajante que te guste.***

La música es el lenguaje del corazón. A veces, cuando sufrimos dolor emocional, deseamos escuchar canciones que reflejen nuestro estado de tristeza, pero también es importante y útil escuchar música que nos tranquilice y nos eleve. He creado varias listas de reproducción en Spotify que me encanta escuchar para sentirme inspirada o llena de energía.

A menudo, me gusta escuchar música inspiradora mientras trabajo en proyectos escritos que provienen del corazón (los cuales tengo la suerte de que sean la mayoría en mi trabajo). La música afecta profundamente tus emociones, así que cuando te sientas sensible, es necesario alimentar tus oídos solo con sonidos positivos.

PRÁCTICA: ***Come calabazas y granadas, que sanan el corazón.***

Hay alimentos especiales del ayurveda que tienen la característica particular de sanar tu corazón, física y emocionalmente. Al igual que la rosa, que es una flor *hrdaya*, estos son alimentos *hrdaya*, que significa «que sanan el corazón» en sánscrito.

Además de ser el nombre de la diosa en tu cuarto chakra, en sánscrito *kushmanda* también significa «calabaza». La calabaza es un alimento ayurvédico maravilloso, tradicionalmente recomendado para el otoño y el invierno. Sus cualidades densas y nutritivas ayudan a aliviar los desequilibrios relacionados con el calor que pueden surgir de la ira, la frustración, el exceso de trabajo, el exceso de ejercicio, y demasiadas especias calientes en la dieta. Es excelente para el corazón. Siempre que como calabaza, siento que me lleno de la esencia de la alegría, el amor y la risa que caracterizan a la diosa Kushmanda.

Las granadas también son un alimento poderoso para sanar el corazón. Esta fruta era considerada un superalimento en la antigua tradición ayurvédica (la ciencia moderna está descubriendo muchos conocimientos que los antiguos saben desde hace tiempo). Algunos beneficios ayurvédicos de la granada son el refuerzo inmunológico, la salud del cerebro, las propiedades de antienvejecimiento, la mejora de la belleza y el refuerzo de la salud reproductiva femenina. Además, actúa como elixir digestivo.

ALGUNAS FORMAS DE RECIBIR LAS PROPIEDADES TERAPEÚTICAS DE LA GRANADA:

- Bebe su zumo: exprime sus semillas para hacerlo.
- Añádela a la comida: combina de maravilla con muchos platos salados.
- Prepara un exfoliante facial: mezcla polvo de cáscara de granada con azúcar moreno y miel.

Antes de beneficiarte de las granadas, reza una oración de agradecimiento a estos grandes seres por sus dones. La gratitud es la madre de las virtudes y nos ayuda a conectar con nuestra madre en la naturaleza de una manera profunda.

PRÁCTICA: *Canta canciones devocionales (o entona mantras edificantes) en voz alta.*

Cantar es una forma maravillosa de conectar con tu corazón y sanarlo. Realmente ayuda cantar canciones devocionales, ya que se dirigen directamente a la divinidad y tienden a ser las más calmantes y tranquilizadoras. Pero también puedes escuchar cualquier canción que resuene en tu corazón. Todas las canciones de amor pueden volverse a escuchar como odas a Dios, en la forma de divinidad con la que más te identifiques. Y ahora puedes escuchar estas canciones y cantarlas, sabiendo que en última instancia esta divinidad vive en ti, como tu verdadera esencia.

La diosa Kushmanda, como la diosa Brahmacharini, sostiene el japa mala en una de sus manos. Esto se debe a que los mantras que cantas con el mala para desarrollar el autocontrol de tu mente y tus sentidos en el segundo chakra también ayudan a abrir tu corazón en tu cuarto chakra. Puedes recitar estos mantras en voz alta, de manera cantarina, para abrir realmente tu corazón y sanar tus emociones.

Un mantra increíblemente poderoso es el «om». Hay un ejercicio especial de respiración yóguica llamado *udgeeth*, que significa «el canto de la ballena». La ballena es el animal más longevo. Vive fácilmente más de cien años, y el secreto de su longevidad es lo lento que respira. Los ejercicios de respiración yóguica como el *udgeeth* están pensados específicamente para respirar más lento y para abrir y nutrir tu corazón físico y emocional, conectándote con el amor que habita en tu interior, en el chakra del corazón.

Para practicar, simplemente cierra los ojos y concéntrate en tu corazón mientras inhalas por la nariz. Exhala y mantén el sonido «O» tres veces mientras que entonas el sonido «M». Exhala tan lento como puedas, para respirar más lentamente y mejorar la calidad de tu vida, así como la salud de tu hermoso corazón.

PRÁCTICA: *Dedica tiempo y espacio a la risa y encuentra el humor en situaciones difíciles.*

La diosa Kushmanda tiene una risa silenciosa. Si escuchas atentamente a tu corazón, la oirás y la sentirás sonreír dentro de tu ser. Para evocar el poder de esta diosa, sirve empezar a ver el humor incluso en las situaciones difíciles. Cuando puedes encontrar algo de qué reírte, empiezas a tomarte las situaciones menos en serio y no te sientes tan deprimido o agobiado por la realidad tal como es.

Esto no significa fingir una sonrisa, reírse cuando es inapropiado, o simular que te ríes cuando en realidad algo no te hace gracia. Simplemente significa estar abierto al humor en tu vida. Puedes conectar con el poder de la risa leyendo tu cómic favorito o los dibujos animados de los periódicos. También puedes ver una película divertida o asistir a un espectáculo cómico.

Si eres una persona con un sentido del humor innato, puedes hacer bromas. Recuerdo una vez que estaba en la sala de Urgencias con mi familia y tuvimos que internar a mi padre por un problema grave de salud. Era la segunda vez que iba al hospital en un año. Recuerdo a uno de los amigos queridos de mis progenitores que nos visitó por la noche y bromeó diciendo que sabía que a mi padre le gustaba el hospital, pero que tenía que dejar de visitarlo tan a menudo. La forma en que lo dijo nos ayudó realmente a reírnos de la situación y ayudó mucho a calmar los ánimos.

PRÁCTICA: *Alivia el dolor y honra a los seres queridos fallecidos con flores de caléndula.*

La caléndula es una flor sagrada que representa el poder y la iluminación de los rayos dorados del sol. Se dice que la diosa Kushmanda vive en el Reino del Sol, y el sol, en la tradición espiritual védica, es un símbolo del alma, poder, creatividad, transformación, coraje y todas las formas de abundancia.

Las flores de caléndula afectan directamente a tu chakra del corazón. Ayudan a despejar los nubarrones de tristeza y fatiga que experimentamos en nuestras vidas. Esta flor, utilizada en las celebraciones del Día de los Muertos en las culturas latinoamericanas, y en ocasiones sagradas como bodas y funerales, tiene cualidades antidepresivas especiales.

Las caléndulas también se utilizan para honrar la dimensión del alma de una persona que amas. En Nepal, incluso hay un festival anual que honra el amor espiritual y eterno entre los humanos y los perros, en el que la gente honra a sus compañeros caninos con guirnaldas de caléndulas. Cuando alguien se muere, las personas en la India honran el cuerpo de aquellos que pierden con estas guirnaldas. Recuerdo que una de mis maestras me contó que su abuelo (que también era su gurú espiritual) le regaló una guirnalda de caléndulas para ayudarla a sobrellevar el intenso dolor que sintió al perder a su madre de muy pequeña. A mí personalmente me ha reconfortado mucho oler caléndulas en momentos de inmenso dolor y pérdida.

Puedes confeccionar una guirnalda de caléndulas uniéndolas con hilo y aguja. Simplemente haz un nudo fuerte en el extremo del hilo para que las flores no se caigan, y luego introduce la aguja por la parte más gruesa de cada tallo de caléndula. Puedes ofrecer una guirnalda a la imagen de una persona amada que ha fallecido y cuya alma quieres honrar en un lugar sagrado de tu casa. También puedes llevar una guirnalda tú mismo. Inhala sus aromas y conecta con la luz del sol radiante al contemplarla cuando estés pasando por momentos de intenso dolor. Te ayudará a hacer el duelo mientras recuerdas que la diosa Kushmanda, la que otorga alegría en tu interior, te espera, por muy lejos que te sientas de ella en momentos de intenso dolor.

CAPÍTULO 5

Expresarse con el sonido y el silencio

La práctica del discurso consciente son palabras que no se agitan, que son ciertas, agradables y beneficiosas, y también la lectura de libros sagrados.

—BHAGAVAD GITA, capítulo 17, verso 15

Cultivar la expresión

Hay una curiosa tensión que surge en el día cinco de la práctica de Navratri. En el día cuatro, practicamos conocernos a nosotros mismos, amarnos a nosotros mismos y desarrollar la autonomía personal que nos permite una relación sana con nosotros mismos y con los demás. Estas prácticas confluyen en el día cinco, momento en el cual tenemos la oportunidad de estar con nosotros mismos en silencio y de expresarnos al mundo a través de la palabra.

La mejor manera de aprovechar esa oportunidad es abrazar y nutrir al niño que llevamos dentro, simbolizado por Skanda, el bebé que lleva la diosa Skandmata. Skanda representa el empoderamiento, y el día cinco trata de convertirse en el héroe de nuestra propia historia. El día cinco es una oportunidad de combinar la ferocidad del día tres y el amor del día cuatro para crear una nueva versión, más resuelta, de nosotros mismos. El día cinco nos sentimos nutridos, como si nosotros mismos fuéramos el bebé guerrero. Al cuidarnos a nosotros mismos de este modo, nos volvemos más vulnerables, una cualidad que, en última instancia, nos permite vivir con mayor convicción.

La cuestión es cómo combinar la palabra y el silencio para alcanzar la versión más fuerte y auténtica de lo que somos y lo que creemos. En mi caso, tras nueve años de estudios espirituales en California, me sentía más que preparada para liberar el poder de mi voz al llegar a Nueva York.

Pero para determinar quién era yo en ese espacio liminal y quién quería ser en el futuro, antes tenía que sumergirme aún más profundamente en la sacralidad del silencio, conectar con un lugar que el poeta sufí Rumi dice que es «donde las palabras nacen del silencio». El silencio tiene el poder de llevarnos al núcleo mismo de la vida, de ayudarnos a encontrar nuestras propias respuestas y de conectar con la presencia eterna de nuestra propia alma. En mis estudios aprendí que el silencio lleva a la reflexión, la reflexión lleva a la convicción, la convicción lleva al coraje, y el coraje lleva a la expresión.

Sin silencio, ninguna palabra tiene sentido. Y es importante seguir este camino porque nuestras palabras tienen un poder tremendo. Con frecuencia las palabras salen volando de nuestra boca. La palabra crea el karma, por lo que debemos ser conscientes de lo que decimos y de cómo lo decimos mientras avanzamos hacia la nueva realidad que creamos en el día cinco.

A medida que ahondaba en los motivos por los cuales había permitido que me silenciaran y me controlaran durante los nueve años anteriores, me di cuenta de que ceder mi voz estaba arraigado en mecanismos de supervivencia infantil. Para recuperar mi poder, tenía que aprender a cuidar a mi niña interior como una madre, a honrar y atender mis propias necesidades y a amarme incondicionalmente. Al hacerlo, sané mi relación con mi madre, lo que supuso, para mí, dejar de buscar inconscientemente figuras de autoridad con las que reproducía la misma dinámica debilitante que había tenido con ella en la infancia.

En este capítulo exploraremos la relación entre el sonido y el silencio, y aprenderemos que hay poder –y verdad– en ambos.

Conociendo a SKANDMATA

Después de que Durga diera a luz a todo el cosmos y concediera el poder de la reproducción a las diosas y luego a los dioses, adoptó la forma de una madre biológica, la diosa Skandmata. Skanda es el nombre del hijo de esta diosa, y *mata* significa «madre», por lo que *Skandmata* significa «la madre de Skanda».

El nacimiento de Skanda es una historia interesante. Después de que Shailputri, la diosa que representa la estabilidad, se inmole en el fuego sagrado, Shiva, el dios que se convertiría en el esposo de Skandmata, se desvincula de los compromisos mundanos, llevando una vida de asceta y realizando prácticas espirituales intensas en lugares remotos de los Himalayas. Asimismo, dos demonios, Surapadman y Tarakasura, y sus secuaces amenazan la existencia de los dioses.

Estos demonios anuncian una profecía por la que solo Shiva o un hijo suyo puede derrotarlos. Dado que Shiva se ha retirado del mundo, los demonios proceden a causar estragos, ya que creen que es poco probable que esta profecía se cumpla alguna vez. Mientras tanto, los dioses acuden al señor Vishnu (dios preservador del universo), rogándole que les ayude, ya que ellos tampoco creen que Shiva vaya a tener un hijo. Pero el señor Vishnu les dice a los dioses que ellos son los responsables de la situación, y que Brahmacharini, una encarnación de Shailputri, está destinada a ser la esposa de Shiva.

Una vez casados, la energía de Shiva y Brahmacharini se combina y produce una semilla tan ardiente que el dios del fuego debe llevarla al lago Saravana. Pero el calor es tan intenso que ni siquiera el dios del fuego puede retenerla por más tiempo y la pasa al río Ganges, que la transporta al lago Saravana.

La diosa Skandmata se transforma entonces en el agua misma, ya que solo ella podía llevar la semilla del señor Shiva. Skanda nace como un joven apuesto, fuerte y poderoso. Se convierte en el comandante en jefe del ejército de los dioses. Todos los dioses lo bendicen y le entregan armas especiales, con las que derrota a los demonios en una guerra encarnizada. La diosa Skandmata es venerada como la madre de Skanda, el poseedor de dotes divinas.

La historia de la diosa Skandmata que da a luz a Skanda, el guerrero extremadamente poderoso, simboliza el increíble poder que todos recibimos cuando dedicamos tiempo a nutrir nuestro niño interior. Cuando hacemos lo que hace falta para sanar nuestras emociones negativas y hablar de una forma más empoderada, podemos dar a luz a una nueva versión de nosotros mismos y ser los héroes de nuestras propias vidas, al igual que Skanda.

Me encanta conectar con Durga en la forma de Skandmata cuando me siento abrumada por las emociones y no sé cómo expresarme mejor. Habiéndome refugiado en el silencio durante muchos años mientras aprendía las enseñanzas que comparto en este libro, al principio me costó liberar el poder de mi voz para compartir lo que había aprendido cuando yo misma me convertí en maestra. Recordarme que una madre protectora y bondadosa vive en el chakra de mi garganta me ayudó enormemente a purificar y liberar la vergüenza que me impedía expresarme completamente tal como soy.

Tanto si sientes que necesitas refugio y sanación en el espacio sagrado del silencio como si crees que ya es hora de ponerle palabras a algo importante para ti, puedes invocar a la diosa Skandmata para que te acompañe en este proceso.

Realizar una evaluación

El silencio es fundamental para el crecimiento espiritual, pero solemos percibir el silencio como algo que debe ser evitado. Muchas personas tienen la costumbre de llegar a su casa, apartamento o habitación vacíos, e inmediatamente poner pódcasts, Netflix o música. Cuando hay una pausa en la conversación, nuestra primera reacción puede ser decir lo que sea lo más rápido posible, sin dejar tiempo para la reflexión y el discernimiento. Nuestro mundo está lleno del ruido del que nos valemos para distraernos de nosotros mismos.

TU VOZ Y EL QUINTO CHAKRA

El poder de tu voz está conectado con el quinto chakra (también llamado «el chakra de la garganta»). Se encuentra en la zona de la garganta. El nombre sánscrito de este chakra significa «puro». Aquí es donde puede expresarse tu energía después de haber sido purificada en los tres primeros chakras y conectada con el poder del amor en el cuarto. El chakra de la garganta se asocia con el espacio y el sentido de la audición. Este chakra te ofrece cultivar el poder de la expresión para decir lo que es verdadero para ti, a través del sonido y del silencio.

Skandmata está representada como la madre biológica de Skanda, el poderoso dios guerrero. Ella cabalga sobre un león, pero se la ve amamantando a su hijo. El cuidado que prodiga a su hijo representa la posibilidad de que, si cuidamos de nuestro niño interior, podemos volvernos valientes y poderosos como Skanda, el guerrero espiritual. Al fin y al cabo, se necesita valor para realmente decir tu verdad sabiendo lo que tú crees verdadero.

Por eso es tan importante que, cuando realizas tu evaluación el día cinco, habites el silencio. Nuestras emociones están ahí, esperándonos, al igual que la verdad sobre nosotros mismos: lo que nos hace excepcionales, pero también aquellos rasgos nuestros que puede que no nos gusten o que queremos cambiar. Cuando guardamos silencio, no tenemos más remedio que mirarnos a nosotros mismos, con compasión y desapego, y ocuparnos de nuestras emociones a medida que surgen.

Cada semana intento reservar un día en el que pueda estar completamente en silencio. Pero incluso si no te puedes permitir el lujo de un día entero, cualquier cantidad de tiempo puede beneficiarte y posibilitar que te conectes con tu Ser verdadero. En silencio, el ego disminuye, y nos recordamos a nosotros mismos que no debemos hablar por hablar, sino utilizar la interacción entre el sonido y el silencio para cultivar el poder de la expresión.

Al hacerlo, podemos plantearnos algunas preguntas clave:

1. ¿Qué emociones me despierta el silencio?
2. ¿He dicho algo impulsivamente de lo que desearía retractarme? ¿Qué sentimientos en mi interior me llevaron a hacerlo?
3. ¿Qué pensamientos negativos se repiten en piloto automático en mi mente?
4. Cuando hablo, ¿soy un factor de unión de almas o tiendo a provocar discusiones?
5. ¿Estoy contento con el sonido de mi voz?
6. ¿Paso tiempo leyendo o escuchando las palabras sagradas de los textos espirituales antiguos? ¿Cómo puedo incorporarlas a mi día o a mi semana?

Hay muchas razones inconscientes por las que hablamos y, sobre todo, por las que decimos cosas de las que luego nos arrepentimos. Antes de purificar tus palabras y tus emociones a través del silencio, también es útil verificar con valentía si tu comunicación actual se debe a alguno de los siguientes comportamientos:

	SIEMPRE	CON FRECUENCIA	A VECES	CON POCA FRECUENCIA	NUNCA
Arremeto contra los demás sin pensar.	1	2	3	4	5
Responsabilizo a los demás de lo que siento.	1	2	3	4	5
Transmito mis emociones sin procesar las de los demás.	1	2	3	4	5

Comparo, juzgo y rebajo a los demás para sentirme mejor conmigo mismo.	*1*	*2*	*3*	*4*	*5*
Hablo para obtener aprobación, atención o ser reconocido.	*1*	*2*	*3*	*4*	*5*
Cotilleo para conectar con los demás y llenar las pausas incómodas de silencio.	*1*	*2*	*3*	*4*	*5*
Hablo para manipular o controlar el comportamiento o la manera de pensar de otro para satisfacer mis propios objetivos.	*1*	*2*	*3*	*4*	*5*
Digo cosas para calmar y cuidar a los demás para asegurar mi relación con ellos, en lugar de decir la verdad.	*1*	*2*	*3*	*4*	*5*

Si has obtenido entre 8 y 15 puntos, purificar tus palabras es una prioridad a medida que avanzas en el ciclo de Navratri. Hacerlo te liberará tanto que tus nuevas palabras, cuidadosamente elegidas, te empoderarán para engendrar una nueva realidad en tu vida diaria.

Si has obtenido entre 16 y 30 puntos, tienes buenos y malos momentos cuando hablas. Te conviene preguntarte constantemente qué motiva tus palabras y alimentarte del silencio del que surge la convicción de expresarse.

Si has obtenido entre 31 y 40 puntos, has internalizado una forma de hablar consciente. Ten confianza en tu rol de modelo para los demás en tu forma de comunicarte.

Expresarse con el sonido y el silencio

Como en todas estas prácticas, encontrar el equilibrio entre sonido y silencio que mejor funcione para ti no es fácil ni rápido. Puede llevar una semana, un mes, un año o incluso varios años combinar estos elementos para que puedas conocer tu propia verdad y expresarla. No obstante, el día cinco es una oportunidad para practicar estas habilidades con regularidad y darte a ti mismo la paciencia y el espacio necesarios para combinar estos elementos a tu manera.

Mantén el silencio

En la sección anterior, utilizamos la práctica del silencio para hacer una evaluación. Sea cual sea el tiempo que dediques a esta práctica, debes saber que, cuando se acabe, no es necesario que hables de inmediato. Desde luego, esto no significa que tengas que guardar silencio para siempre, sino que existe un espectro entre el silencio y el sonido, lo que significa que no es necesario elegir uno de los dos.

Al principio de mi viaje espiritual, me resultaba difícil practicar el silencio. Pero con el tiempo, encontré un refugio en él y pude conservar mucha energía, sobre todo cuando empecé a discernir con más claridad quién estaba o no preparado para escuchar lo que tenía que decir. Entrenarme a mí misma para superar el hábito inconsciente de hablar por hablar me terminó empoderando para decir la verdad que nos libera a todos. Redujo la confusión y me llevó a estar más convencida de lo que sí decía cuando medía mis palabras y las evaluaba según la guía del habla consciente del Bhagavad Gita que compartí al comienzo de este capítulo.

Escucha con atención

La práctica del silencio es una oportunidad para examinar las emociones que se encuentran detrás de las palabras de las personas. Las palabras son importantes, pero a menudo podemos aprender lo mismo prestando atención a las emociones que subyacen a lo que dice la persona. Esto es especialmente importante porque tendemos a recrear las dinámicas de las relaciones en nuestras vidas y nuestras palabras si no estamos dispuestos a observarlas y cambiarlas.

A medida que comprendí mejor mis propios sentimientos de vergüenza y miedo, los asocié con la forma en que mi madre se había relacionado conmigo en la infancia. Cuando tenía dieciséis años, me dijo que me había mirado a los ojos y había visto un león. «Te tengo miedo», verbalizó. Y más adelante, cuando empecé a estudiar ayurveda, mi madre rechazó enérgicamente lo que estaba haciendo. «¿Por qué tienes que hacer estas cosas raras?», solía preguntarme, poniendo los ojos en blanco para expresar su juicio y desaprobación. Aunque en aquel momento no me di cuenta, su negatividad tenía mucho más que ver con ella que con lo que yo hacía.

Observa tus propias emociones

En el vacío silencioso de la escucha profunda, cambié el foco de atención hacia dentro. Al echar un vistazo retrospectivo a mi vida, conecté patrones de comportamiento como nunca. En varios momentos, me sentí rechazada por la fuerza que tenía e inconscientemente empecé a hablar de un modo con el que obtendría la aprobación de figuras femeninas de autoridad. Dije cosas que no quería decir e intenté por todos los medios estar de acuerdo con los demás, haciendo que mi forma de hablar fuera lo más suave y agradable posible. No me beneficiaba comunicarme de este modo. Incluso mientras sucedía, sentía como si tuviera un nudo en la garganta, o como si alguien me estuviera ahogando o estrangulando, pero seguí adelante de todos modos, esperando superarlo. También sentía vergüenza de mi cuerpo por llamar la atención del sexo opuesto.

Mis emociones reprimidas crearon una barrera en mi relación con mi madre. A lo largo de mis estudios espirituales, ella solía dejarme bien claro que desaprobaba mis elecciones. Cuando iba a casa, me preparaba la comida separada de la de los demás. Al principio de mis estudios, le irritaba particularmente la forma en que enfrentaba a mi padre. Su forma de actuar despertó la sensación de desamparo que siempre había sentido porque no me había protegido de mi padre ni del abuso sexual de los vecinos cuando era pequeña.

En silencio, observé todas las emociones profundas que surgían en mi interior. En lugar de reaccionar ante ellas, empecé a intentar comprenderlas. Investigué y me enteré de que tenía lo que en la psicología moderna se conoce como «la herida materna». Ocurre cuando una madre se ocupa de las necesidades físicas de un hijo, pero no ofrece empatía ni seguridad emocional. Mi madre quería amarme incondicionalmente, pero su condicionamiento hizo que solo pudiera atender a mis necesidades físicas. Siempre me había castigado por no estar de acuerdo con ella, por mantenerme firme en mis creencias o por expresar dolor, tristeza o rabia. Solía decirme que ocultara mis emociones, que me pusiera guapa y me dirigiera a los demás de modo agradable, fuera cual fuese el problema, porque era lo que había aprendido de su propia madre. También me culpó de los abusos sexuales que sufrí por parte de mis vecinos.

En silencio, por fin comprendí por qué había desarrollado el hábito de cuidar de los demás a expensas de mi propio bienestar, ya que eso es lo que aprendí a hacer para complacer a mi madre durante la infancia. Las circunstancias me obligaron a asumir el papel de cuidadora cuando mi madre se quedó embarazada de mi hermana, y hacía todo lo que podía para complacerla y cuidarla. En silencio comprendí cómo ser rechazada, humillada por ser víctima de abuso sexual y sufrir la negación vehemente de mi madre de que mi padre hubiera hecho algo malo me dolió tanto que me distancié de ella durante muchos años y recreé mi dinámica con ella en otras personas durante los primeros años de mi vida adulta.

Cuidado con la proyección en tus propios elogios y juicios, y en los de los demás

El mundo emocional de nuestras propias proyecciones, que hemos creado nosotros mismos, se llama *samsara* en sánscrito. Se compara con un océano, porque es muy profundo y generalizado. Cuando te escuchas a ti mismo y a los demás con profundidad, a menudo hallas que las cualidades y acciones que admiras en los demás son las que tú también posees. Lo que criticamos o juzgamos en los demás es lo que solemos ver en nosotros mismos. Por eso Edward Wallis Hoch reveló una vez:

> Hay tanto bien en lo peor de nosotros,
> y tanto mal en lo mejor de nosotros,
> que no nos corresponde a ninguno de nosotros
> hablar del resto de nosotros.

Esto vale también para los demás. Lo que más me dolió del rechazo de mi madre de mis «costumbres antiguas y extrañas» fue que el linaje familiar del ayurveda viene del lado materno. El padre de mi madre era un renombrado sanador ayurvédico en la India, al igual que su abuelo, bisabuelo, y así sucesivamente, remontándose a muchas generaciones. Cuando apliqué la lente de la proyección a la situación, fui capaz de no tomarme el rechazo de mi madre tan personalmente. Comprendí que era el resultado de los juicios que debía de haber recibido de su propia madre. Ella no tuvo la oportunidad de procesar su trauma emocional y, por tanto, me lo transmitió a mí. También comprendo que, en gran parte, se trataba de la vergüenza colonial interiorizada que muchas personas nativas de todo el mundo acarrean respecto a nuestras tradiciones de sanación autóctonas.

Ahora veo claramente hasta qué punto mi madre se abandonó y rechazó a sí misma al no protegerme y al juzgar mi regreso a mis raíces. Yo reflejaba partes de ella con las que ella no se sentía cómoda.

Además, mi madre aprendió de su madre que la sexualidad femenina era vergonzosa y creyó que haciéndome sentir vergüenza por mi sexualidad podría protegerme del daño que me hicieran los hombres, ya que los rechazaría por vergüenza.

Elige tus palabras con discernimiento

Es fundamental considerar primero si los demás están preparados para escuchar tu mensaje. ¿Lo que tienes que decir tendrá un efecto positivo en tu(s) oyente(s) y te beneficiará a ti también? En mi caso, desde el momento en que empecé mis estudios de espiritualidad, estaba firmemente convencida de lo que estudiaba y quería cantar sus alabanzas a todos los que conocía. Sin embargo, con el tiempo, la práctica espiritual del silencio me enseñó que era más probable que la gente se sintiera atraída por mí y por la sabiduría ancestral si encarnaba en silencio la paz interior y la irradiaba.

A continuación, piensa si tus deseos influyen de alguna manera en lo que pretendes comunicar. Por ejemplo, ¿estás buscando que aprueben tu mensaje? Si es así, trabaja para liberarte de ese apego antes de hablar. Esto es mucho más fácil de decir que de hacer, pero esta forma de comunicación te empodera y te libera de adquirir más karma negativo a través de tus palabras (uno de los tres factores que generan karma, junto con los pensamientos y las acciones).

Con el paso de los años, cada vez me preocupó menos lo que mi madre pensaba de mis decisiones. Muchas veces pensé en intentar sanar nuestra relación, pero seguía habiendo un muro entre nosotras. Con el tiempo, me di cuenta de que al decidir cuidar activamente de mí misma y dejar de interiorizar la vergüenza por el abuso sexual que había sufrido, la herida de mi madre ya había sanado. El camino a seguir no consistía en revivir el pasado, sino en empezar de nuevo y conocernos como seres auténticos de una vez por todas. A través de una serie de conversaciones, empecé a sentir amor verdadero y compasión por mi madre y también pude dedicarle más tiempo y atención para sanar las desavenencias que nos separaban, sin necesidad de buscar su aprobación.

Hace unos años, mi madre y yo discutíamos el concepto de *animales espirituales* enviándonos mensajes de texto. Ella se identifica mucho con los pavos reales, por su belleza y sus colores.

«¿Eres un león o un tigre?», me preguntó.

«Un león sin duda –le respondí–. Soy un león de montaña. Un león de montaña es como una diosa madre que simboliza la fuerza femenina, el uso adecuado del poder, la defensa de las convicciones. El uso sabio del liderazgo para obtener la verdad y la bondad. Como el león de Durga. Conmigo siempre estás a salvo».

Ella respondió: «Eres una entre millones que vela por nosotros. Qué afortunados somos de contar contigo. Jai Mata ji».

Jai significa «victoria». *Mata* significa «madre» y *ji* «respetado». La expresión, en conjunto, significa «victoria para la madre divina».

Por fin pude expresar mi poder y defender mi autonomía siendo una madre amorosa para mí misma, y ofreciendo ese amor y ese empoderamiento también a mi madre. Esta determinación me liberó por fin para abogar por mis propias necesidades y sentimientos, lo que marcó un valiente comienzo de la siguiente fase de mi vida, en la que se ha vuelto innato prodigarme a mí misma cuidados maternales.

Cuanto más encontraba el poder y el amor maternal de la diosa Skandmata dentro de mi ser, cuanto más me liberaba de la vergüenza, me aceptaba a mí misma y empezaba a expresarme con autenticidad, más me acercaba a mi madre biológica y menos abandonada me sentía. Significó mucho para mí cuando, durante el período de Acción de Gracias de la pandemia de COVID-19, mi madre llegó a expresar que quería dejar a mi padre y venir a estar conmigo. Durante nuestra cena virtual de Acción de Gracias, reconoció que yo soy más su madre que ella la mía.

Me asombra el hecho de que mi madre eligiera convertirse en mi alumna durante el Programa de Embajadores del Bienestar Ayurveda que dura un año, sin faltar nunca a una clase conmigo. Su voluntad para aprender de mí refleja su humildad. Espero estar algún día tan dispuesta a aprender de mis hijos como ella lo está de aprender de mí. Hoy en día me produce una gran alegría encontrar maneras de potenciar la voz hermosa de mi madre como cantante e invitarla a enseñar a preparar platos ayurvédicos grabados en vídeo para el programa comunitario virtual de mi organización. Y aunque pasó por un período de rechazar todo lo que yo hacía para reconectar con mis raíces indias a través del estudio del ayurveda, también le agradezco haber plantado las semillas en mi infancia para que me sintiera orgullosa de la cultura india de la que provengo (a pesar de que mi padre solo quisiera que habláramos inglés y nos occidentalizáramos).

Mientras recuerde que tengo una diosa dentro de mi garganta que es mi madre, que está siempre a mi disposición y decidida a cuidarme, me siento amada y empoderada para seguir dando origen a la nueva vida que emerge de nuestras palabras, que emana de la sacralidad del silencio.

El camino a seguir: prácticas para expresarse

PRÁCTICA: *Entra en el silencio sagrado para reflexionar sobre lo que es más importante para ti.*

El silencio es como la diosa Skandmata, que brinda la oportunidad de dar origen a una nueva realidad que solo puede revelarse en el vacío del silencio. Se dice que el silencio da origen a la sabiduría.

El silencio da origen a la sabiduría.

Personalmente, me encanta dedicarme al menos un día entero (normalmente un fin de semana) a estar completamente en silencio. Encuentro que soy capaz de centrarme totalmente en lo que tengo que hacer y planificar mi tiempo en ese espacio de silencio. También me encanta estar en silencio por las mañanas y no programar llamadas hasta bien entrado el día, para reservar un rato cada día a estar en silencio y estar receptiva a cualquier percepción o emoción que aparezca. Sentarse con un bolígrafo y un papel en silencio ayuda a captar la inspiración y las percepciones que surgen en ese espacio. Siempre siento que mi ser interior se nutre al sentarme en el útero del silencio, lo que me ayuda a dar a luz a una nueva versión de la realidad, guiada por aquello que está en lo profundo de mi ser.

Puedes empezar tu práctica de silencio dedicando unos minutos al día a sentarte en silencio, o quizás una hora o más, hasta lograr un retiro personal de silencio de un día entero, si lo deseas, para ganar claridad sobre tu ser más profundo. Una sugerencia para esta práctica es preguntarte a ti mismo: «¿Qué es lo que más valoro?». Puede ser la sabiduría, la abundancia, la belleza, la creatividad, la responsabilidad, el amor. Para mí, los valores más importantes de mi lista son la libertad e integridad entre pensamientos, palabras y acciones.

Sirve recordar a la diosa Skandmata y pedir que te cuide para derrotar a cualquier demonio interior que su silencio pueda traer a la superficie en el proceso de obtener claridad sobre tu Ser verdadero.

PRÁCTICA: *Di solo la verdad (abstente de las mentiras piadosas).*

Por lo general, decimos mentiras de todo tipo, incluidas mentiras piadosas, para protegernos de lo expuestos que creemos que quedaríamos si decimos la verdad. Pero en la antigua tradición espiritual védica, hay una expresión que significa «solo la verdad es bella». Recibimos la protección divina de la diosa Skandmata cuando nos rendimos a la verdad: discernimos la verdad detrás de las personas y situaciones y nos comprometemos a decir solo la verdad. En la Biblia se dice que «la verdad os hará libres». Eso es porque la voz de tu conciencia interior siempre sabe cuándo está violando el *dharma* al decir mentiras, por pequeñas que sean. Decir la verdad nos empodera, aunque al principio nos cueste aceptarla. Las mentiras crean sufrimiento tanto si somos nosotros los que las decimos como si somos la parte receptora de las mentiras de otra persona.

La sabiduría antigua nos da un barómetro de la verdad. Algo debe resistir la prueba del tiempo y ser cierto en *todo* momento: pasado, presente y futuro.

Así que, aunque ahora mismo te sientas enfadado, por ejemplo, o incluso hayas tenido problemas con la ira toda tu vida, decir «bueno, soy una persona que se enfada» puede no ser cierto acerca de ti ni de otra persona que tenga dificultades con esta u otra emoción. Nuestras emociones van y vienen; no son duraderas. Los comentarios sobre tu cuerpo o el de otra persona (como «estoy muy gorda») tampoco son ciertos, ya que el tamaño de tu cuerpo puede variar a lo largo de la vida. Incluso las observaciones intelectuales acerca de lo lógica que es una persona pueden no ser ciertas en todos los momentos de la vida.

Queda claro que solo el alma y todas las verdades eternas relacionadas con la naturaleza de tu alma imperecedera son verdaderas. Cuanto más digas la verdad, más te acercarás a tu Ser verdadero.

PRÁCTICA: ***Reflexiona sobre cómo lo que expresas te beneficia a ti y a aquellos con los que te comunicas.***

El Bhagavad Gita, uno de los más grandes textos yóguicos, contiene consejos que van de lo práctico a lo sublime, todos orientados a ayudarnos a reducir la cantidad y aumentar la calidad de nuestros deseos. Uno de sus muy prácticos consejos es cómo hablar con la gente en tus interacciones diarias, tanto personales como profesionales.

En el capítulo 17 del Gita, aprendemos que uno de los mejores barómetros para evaluar la eficacia de lo que quieres decir es si te beneficia a ti y a la(s) persona(s) con la(s) que deseas expresarte. Por ejemplo, puede que quieras expresar tu frustración por la falta de respuesta de un amigo a tus mensajes de texto. Normalmente, este tipo de comunicación no beneficia mucho a la otra persona, aunque pueda parecer (temporalmente) un alivio para ti. Pero si aplicas el esquema del Gita para que tus palabras sean beneficiosas, podrías reformular tus quejas vehementes transformándolas en una conversación sobre la importancia de que haya una buena comunicación de ambas partes para que prosperen las amistades sólidas. De ese modo, transformas un ataque personal en una reflexión constructiva sobre lo que la amistad (que ambas personas valoran) necesita para mantenerse fuerte.

En otro caso, puede que solo tengas en cuenta cómo estás beneficiando a la otra persona diciéndole lo que quiere oír, aunque al hacerlo no tengas en cuenta tus propios sentimientos.

Hace falta mucho valor y esfuerzo para examinar nuestra comunicación bajo la luz de lo beneficiosa que es tanto para nosotros mismos como para los demás. Por eso resulta realmente útil recordar a Skandmata en nuestras gargantas como una madre nutricia y cariñosa que siempre está a nuestro lado, ayudándonos para encontrar el valor de hacer este trabajo interior.

PRÁCTICA: *Habla en un tono agradable.*

Prestar más atención al tono de tu voz cuando hablas es una gran práctica. Te ayudará a compenetrarte de un modo más profundo con tu forma de comunicarte y empezar a alinear tus palabras con el poder de la diosa Skandmata que hay en ti. Puedes decir exactamente la misma frase y transmitir significados diferentes detrás de tus palabras, dependiendo del tono de tu voz. Por ejemplo, puedes decir «muchas gracias» con aprecio, para transmitir gratitud sincera. También puedes decir «muchas gracias» con un tono de voz sarcástico y mordaz, que transmite el sentimiento contrario.

PRÁCTICA: *Presta atención a las emociones que hay detrás de lo que expresas.*

Es mucho lo que podemos aprender sobre nosotros mismos, lo que estamos atravesando y lo que tenemos que trabajar para dejar ir simplemente observándonos a nosotros mismos y lo que nos sucede emocionalmente bajo la superficie de nuestras palabras. Es un ejercicio necesario para, primero, tomar conciencia de nuestras emociones y, luego, soltar las emociones negativas que no nos sirven ni a nosotros ni a la(s) persona(s) con la(s) que nos comunicamos.

Cuando hables, presta mucha atención a lo que realmente sientes cuando dices algo para expresarte. Por ejemplo, podemos parecer enfadados cuando en realidad estamos intentando ocultar nuestros sentimientos de vulnerabilidad a alguien que realmente nos importa. O podemos decir algo que en apariencia es «agradable», pero en el fondo sentir ira o unos celos tremendos. En otras ocasiones, podemos transmitir un aire de excesiva confianza con nuestro tono de voz o lo que decimos, cuando en realidad nos sentimos inseguros con nosotros mismos.

La palabra sánscrita para el quinto chakra significa «puro». Nuestras palabras crean nuestra realidad. Cuanto más identifiques y sueltes las emociones negativas, más puede la diosa Skandmata entrar en tus palabras y ayudarte a crear una realidad nueva y más amorosa para ti y los demás a través del poder de tus palabras.

PRÁCTICA: *Escribe una carta honrando cualquier emoción negativa o manera de hablar, que reconozca cómo te ayudó a sobrevivir y lo que te impide hacer ahora.*

Una vez que hayas identificado qué emociones negativas te gustaría superar, es extremadamente útil escribir una carta a estos sentimientos. De esta forma, reconoces tus emociones y cómo influyen en tus palabras (y en tus acciones e inacciones en tu vida), en lugar de fingir que no existen. No es necesario que te castigues por las emociones que quieres dejar de lado; en lugar de eso, puedes honrar su existencia y lo que te gustaba de ellas.

Por ejemplo, durante mucho tiempo sufrí vergüenza. Intenté esconderme a causa de ella. No dejaba que nadie viera mi verdadero Ser e intentaba mantenerme lo más callada posible. Cuando miro hacia atrás y veo cómo se manifestaba esta emoción, reconozco sus aspectos positivos, en el sentido de que negarme a ser vista o conocida por los demás me dio la oportunidad de encontrar mi verdadero Ser sin que me distrajera la atención ajena o la necesidad de hablar mucho con otras personas.

Pero también reconocí que la vergüenza se había convertido en un obstáculo. Después de reconocer tus emociones y tus palabras, examina las formas en que han afectado tu vida. En mi caso, la vergüenza me impedía realizar mi propósito y compartir las antiguas enseñanzas espirituales que tuve la bendición de aprender y aplicar a mi vida. Para estar al servicio de los demás, necesitaba visibilizarme.

Para ello, cerré los ojos y recordé a la diosa Skandmata en mi corazón. Uno de los aspectos hermosos de esta diosa maternal es cómo puede aliviarte de toda angustia, pena, ira y sentimientos de victimización por acontecimientos pasados de tu vida. De hecho, puedes decirle que te libere de estas y otras emociones negativas y patrones del habla. Siente su bondad y compasión como la bondad y compasión que tú puedes regalarte a ti mismo, para sanar y purificar tus emociones.

PRÁCTICA: *Antes de hablar, considera si tus palabras están alineadas con tus valores fundamentales.*

Definir tus valores esenciales es un ejercicio increíblemente importante. Cuando el camino que debes seguir no está claro, los valores te permiten forjar un camino propio y singular. Los valores esenciales son creencias fundamentales que pueden guiar tus palabras, decisiones y comportamientos. Algunos ejemplos comunes de valores fundamentales son la honradez, el respeto, la responsabilidad, el servicio, la fiabilidad, el compromiso, la creatividad, el empoderamiento y el optimismo.

La integridad y la libertad son dos de mis valores fundamentales; por lo tanto, evalúo constantemente si lo que hago en mi propia vida está en consonancia con lo que enseño y comparto con los demás. Esto significa escucharme a mí misma y corregir mi rumbo innumerables veces. Por ejemplo, suelo hablar de la importancia de digerir no solo los alimentos y la información, sino también las emociones y experiencias vitales. Es un proceso en el que he trabajado en mi propia vida a lo largo del tiempo.

Como valoro la libertad, procuro no controlar a los demás. Esto a veces puede ser muy difícil cuando deseo lo mejor para otra persona.

Por ejemplo, me gustaría que mi padre cuidara mejor de su salud, pero como valoro la libertad, no le digo lo que tiene que hacer. El conocimiento nunca se entrega; solo puede recibirse cuando alguien está preparado para recibirlo. No podemos obligar a nadie a hacer nada y tampoco querría hacerlo. Así que dejo que mi alegría hable por mí, ya sea con palabras o acciones, sobre lo mucho que me benefician mis prácticas.

PRÁCTICA: *Habla de tal manera que si tu mensaje fuera a ser grabado y escuchado a lo largo de varias vidas, estarías contento con tu grabación.*

Una vez que has dicho algo, es casi imposible retirar lo dicho. Puedes disculparte, sí, pero no hay forma de deshacer lo que has dicho. Por lo tanto, es esencial tener en cuenta las consecuencias de lo que decimos.

Los conceptos del karma y la reencarnación son una parte integral de las antiguas tradiciones espirituales. Según la antigua tradición espiritual védica, la palabra es una de las tres formas de crear karma (las otras dos son los pensamientos y las acciones). Lo que fuera que digamos, de algún modo, vuelve a nosotros, por lo que conviene considerar el impacto de nuestras palabras y cómo nos sentiríamos si las escucháramos nosotros mismos.

Cuando nos comprometemos con nuestro viaje espiritual, tenemos la oportunidad de convertirnos en la mejor versión de nosotros mismos. Esto ayuda a asegurar que ya no tengamos que arrepentirnos de las cosas que les dijimos a los demás. Cuando contemplas y decides tus palabras *con antelación*, puedes estar satisfecho no solo con lo que dijiste, sino con las consecuencias kármicas de tus palabras en el futuro. Esto es lo que significa traer pureza a tu chakra de la garganta.

PRÁCTICA: *Crea una presentación personal en la que te imagines a ti mismo encarnando una forma más potente de expresarte.*

Para empezar, imagínate sin patrones negativos del habla y emociones negativas. A continuación, piensa y escribe cómo sería tu vida para ti si te libraras de lo que deseas superar. ¿Qué aspecto tendrían tu cara y tu cuerpo? ¿Qué harías si ya no tuvieras miedo? ¿Qué nuevas posibilidades podrían existir para ti?

Una vez que hayas grabado una nueva y hermosa visión de ti mismo, contempla lo que tendrás que cambiar para hacerla realidad. ¿A qué necesitas decirle que sí o que no para crear más oportunidades de sentirte en paz contigo mismo y con tu forma de comunicarte y expresarte? ¿Necesitas guardar más silencio y pensar antes de hablar? ¿Deberías empezar a poner en palabras lo que transmites con tanta claridad?

Estas preguntas te llevarán a dar a luz a una versión más empoderada de ti mismo. Cuando respondí a estas preguntas durante mi camino, me di varios días para hacer el ejercicio, para asegurarme de que surgían de lo más profundo de mi ser y que podía comprometerme de todo corazón. También le pedí a la diosa Skandmata que me ayudara en el proceso, ya que requiere mucho valor comprometerse a cambiar cualquier parte de uno mismo. Es realmente como volver a nacer, algo para lo que queremos estar preparados pidiendo ayuda y guía desde el interior.

CAPÍTULO 6

Definir y mantener límites saludables

El gozo infinito de la unión con Brahman [conciencia suprema] se obtiene fácilmente por quienes están libres de la carga del mal y han alcanzado el autocontrol. Reconocen el ser en toda criatura y a toda criatura en el ser. Con la conciencia unificada a través de la meditación, tienen una visión de unidad total.

—**BHAGAVAD GITA**, capítulo 6, versos 28-29

Cultivar la intuición

En el capítulo anterior, hablamos de crear espacio en tu vida para el sonido y el silencio. En este, aprenderemos más sobre cómo seguir la voz silenciosa que tienes dentro ahora que puedes oírla.

Cada día del ciclo de nueve días tiene un sentimiento y un ritmo, y el día seis no es diferente. Para mí es un día de meditación y contemplación para concentrarme en desarrollar y escuchar esa voz silenciosa, también conocida como «intuición», que me lleva a ahondar en mí misma y en mi propia experiencia. Es una oportunidad de aprender más sobre quién soy, pero también de comprenderme a mí misma como parte de un tapiz integrado por todas las almas pasadas, presentes y futuras que han existido. De este modo, descubro mi propia divinidad como parte de la divinidad que existe en todos nosotros.

Aunque cada día es diferente, la intuición que cultivamos el día seis está íntimamente relacionada con el autocontrol del día dos y el amor del día cuatro. Estos tres poderes determinan el tipo de relaciones que tenemos en nuestra vida y rigen nuestra forma de interactuar con los demás y con el mundo. Cuando hablo de relaciones, no me refiero solo a relaciones románticas o de amistad. Me refiero a nuestra relación con todos los seres y con el mundo mismo. La tradición espiritual védica enseña que hay una sola alma. Esto significa que el Ser verdadero en mí es el mismo que hay en ti y en cada ser humano, animal y planta que habita este planeta.

A lo largo de los años, también he visto la progresión desde el silencio del día cinco a la intuición del día seis hasta la verdad que descubrimos el día siete. El discernimiento que ocurre el día seis es crítico para la trascendencia que revelamos el día siete. El día seis es una oportunidad para examinar ideas y puntos de vista conflictivos que existen en nuestra vida y encontrar una manera de reconciliarlos con lo que aprendemos sobre nosotros mismos cuando empezamos a confiar en nuestra propia intuición.

Esto es especialmente importante en un mundo lleno de historias e ideas que quizá tengamos sobre nosotros mismos, muchas de las cuales no son ciertas. A menudo podemos ser víctimas de la manipulación psicológica, por la que alguien intenta negar nuestra realidad y nuestra experiencia del mundo, incluso si nuestra intuición indica lo contrario. Pero llegamos a nuestra verdad mediante una comprensión intuitiva que es el resultado del trabajo que hacemos. Por eso es esencial escuchar nuestra voz interior y actuar en consecuencia. Como ya he señalado, no es un proceso instantáneo, pero se volverá más natural cada vez que llegues a esta parte importante del ciclo de Navratri.

DESPERTAR TU GURÚ INTERIOR

La palabra *gurú* significa «el que quita (gu) la oscuridad (ru)». Esta oscuridad no es literal, sino más bien una metáfora del sufrimiento que experimentamos debido a emociones sombrías, como el miedo, la ira y los celos. En la tradición espiritual védica, se cree que todo el sufrimiento que experimentamos en la vida se debe a la falta de conocimiento espiritual de quiénes somos realmente: almas eternas y todopoderosas. Aunque hoy la palabra *gurú* se ha generalizado para designar a cualquier experto, en el campo espiritual un gurú es alguien que elimina la oscuridad de la ignorancia enseñando a través del ejemplo del despertar de la conciencia espiritual. En la antigua tradición espiritual védica, el objetivo de la educación es que el estudiante se convierta en un gurú. Cuando esto sucede, lo común es que el gurú bendiga y despida al estudiante. El estudiante agradecido sigue adelante para continuar viviendo según las enseñanzas del gurú y compartir la sabiduría que ahora tiene él mismo como gurú. Así se ha transmitido la cadena ininterrumpida de linajes espirituales desde el principio de los tiempos hasta hoy.

En este capítulo, conoceremos a la valiente diosa Katiaiani, que elimina las partes de nuestra vida que nos separan de nosotros mismos. También conoceremos estrategias ancestrales de resolución de conflictos que siguen funcionando hoy y nos permiten definir límites para tener a mano la intuición no solo cuando creamos el silencio que nos permite escucharla, sino también cada día y en cada momento de nuestras vidas.

Conociendo a KATIAIANI

En el sexto día de Navratri, Durga surge como descendiente del sabio Katiaian, que no tuvo hijos pero que observó disciplinas espirituales durante muchos años, lo que le trajo una hija, conocida como Katiaiani. Fue creada como luchadora para detener el daño provocado por un gran demonio que causaba problemas a los dioses.

A Katiaiani se la conoce como el aspecto de la diosa madre Durga que cumple los deseos. Extiende una de sus manos en un gesto de valentía y la otra en un gesto de bendición. Su espada cercena el gran demonio del miedo que nos separa de nuestra divinidad. Ella te ayuda a discernir los deseos correctos que debes alojar en tu corazón, los de la más alta calidad.

Mientras que la diosa Brahmacharini se ocupa del aspecto físico de las relaciones, la diosa Katiaiani se ocupa más del aspecto emocional e intelectual de las relaciones. Eso incluye todas las relaciones, no solo las románticas. Sin embargo, las jóvenes de la India la veneran por conceder buenos maridos. Lo importante es que no se debe invocar el poder de la diosa Katiaiani simplemente para encontrar pareja, motivado por la desesperación, sino para que lo divino venga a ti como tu pareja. Su lección para todos nosotros es que debemos tener estándares muy altos para el tipo de pareja que queremos tener y, en términos generales, los tipos de relaciones que deseamos acoger en nuestras vidas.

Habiendo sido presionada desde muy joven para casarme con el tipo de persona que mis padres aprobarían, me encantó conocer a la diosa Katiaiani como modelo para mantener estándares elevados. También creo que es muy importante para los que emprenden un viaje espiritual conectar con la divinidad en sus parejas, así como con la de todas las demás personas en tu vida. La clave para conectar con la divinidad dentro de ti en tu tercer ojo (donde la diosa Katiaiani vive en tu interior) es saber cómo crear límites claros con los demás que te permitan, ante todo, honrar tu propia intuición. Tener estándares elevados también puede significar aceptar la soledad. Estar solo y sentirse solo son dos cosas muy diferentes. Puedes sentirte solo en las relaciones y sentirte muy feliz estando solo. Después de todo, cuando llegas a sentirte realmente feliz estando solo es cuando puedes atraer a una pareja de vibración más alta, con la que se cree que la diosa Katiaiani nos bendice.

TU INTUICIÓN Y EL SEXTO CHAKRA

El poder de la intuición está conectado con tu sexto chakra (llamado «el tercer ojo»). Se dice que está situado en el entrecejo. Es aquí donde accedes a tu sabiduría interior y a un conocimiento más profundo acerca de quién eres como ser eterno y espiritual. Este sexto chakra está asociado con la luz. Cultivar el poder de la intuición abriendo el tercer ojo te brinda el don de la percepción y la claridad para que puedas navegar la oscuridad en tu vida.

A Katiaiani se la representa sosteniendo una flor de loto en una mano y una espada en la otra, con una de las manos haciendo el gesto de intrepidez, y con la otra, haciendo el gesto de conceder bendiciones. En la antigua mitología espiritual védica se dice que es la diosa que concede nuestros deseos de alta calidad, bien contemplados, siempre que eliminemos el temor de nuestro corazón (que impide que nos lleguen las bendiciones). Ella nos ayuda, específicamente, con las múltiples relaciones que tenemos durante nuestra vida y a experimentar la unidad divina con los demás.

Realizar una evaluación

Establecer límites y mantenerlos es una habilidad fundamental para forjar y sostener relaciones sanas, pero es especialmente importante establecer límites cuando tienes que lidiar con personas narcisistas en tu vida. Los narcisistas congenian con personas naturalmente empáticas y sus vulnerabilidades. Pueden hacer que deliberadamente te cuestiones tu intuición y, por tanto, tu realidad. Por ello, es esencial saber cómo detectarlos.

Los psicólogos occidentales revelan que el narcisismo se caracteriza por las «tres E[2]»: son personas que explotan al otro, sienten que merecen ciertos privilegios y les falta empatía. A continuación, una lista de señales reveladoras para cuando alguien te haga dudar de tu intuición y viole tus límites.

Esta persona habitualmente:

1. ¿Domina tus conversaciones para que siempre giren a su alrededor?
2. ¿Infringe las reglas y normas sociales (por ejemplo, transgrede los límites físicos, se salta las filas, roba comida, desobedece las normas de tráfico)?
3. ¿Falta el respeto al espacio físico, los pensamientos, los sentimientos y las posesiones de otras personas?
4. ¿Proyecta una imagen falsa de sí misma con objetos, estatus, personas y logros para hacerte creer que es digna de admiración (de la que parece que nunca se sacia)?
5. ¿Te culpa de sus propios errores?
6. ¿Te hace creer que no puedes vivir sin ella por lo especial que es?
7. ¿Tergiversa la información de forma que te perjudique a ti y la proteja a ella, a la vez que te hace cuestionar tu realidad y te hace sentir que estás loco?
8. ¿Espera que dejes todo lo que estás haciendo y pongas a un lado tus necesidades para estar siempre a su disposición?
9. ¿Te hace sentir inferior a él o ella o se enfada cuando te atreves a estar en desacuerdo con él o ella?
10. ¿Te manipula para que atiendas sus necesidades haciéndote sentir culpable por lo mucho que te ha dado en el pasado o presentándose como una víctima por la que deberías sentirte obligado a hacer sacrificios poco razonables?

2. En inglés: *exploitation*, *entitlement* y *empathy*.

Definir y mantener límites saludables

La tradición espiritual védica nos ofrece una antigua estrategia de resolución de conflictos que se divide en cuatro partes. Su intención es ayudarnos a confiar en nuestra intuición y proteger nuestra realidad. En esta sección, te enseñaré esta práctica para que puedas usarla en tu propia vida cuando surja un conflicto entre el mundo en tu interior y el mundo fuera de ti.

1. Shama (pacificación)

En este primer paso, la antigua tradición espiritual védica nos insta a intentar resolver cualquier disputa por medios amistosos. *Pacificar* se refiere a calmar a la otra persona y alcanzar un consenso respecto de la situación que causó el conflicto.

2. Daana (donación)

Si no se puede lograr la reconciliación, el siguiente paso es *daana*, que significa «donación». La tradición nos aconseja que durante este segundo paso demos o soltemos algo, como un regalo, ya sea literal o algo figurado, como el orgullo. También significa estar dispuesto a aceptar las disculpas de otro. Por encima de todo, entendemos que *daana* es una ofrenda de paz o un gesto conciliador que permite el cese del conflicto (no necesariamente que continúe la relación si discernimos que no nos conviene).

3. Bheda (separación)

Si el intento de reconciliación o la ofrenda de paz no consiguen enmendar el conflicto, el siguiente paso es pedir una separación que permita a todos alejarse de la tensión del momento para reflexionar sobre la forma de avanzar. Es interesante considerar que, incluso en la antigüedad, las personas utilizaban el mismo tipo de estrategias que hoy en día para resolver sus conflictos y que comprendían la necesidad de tomar distancia para discernir el mejor curso de acción. Pienso en *bheda* como pulsar el botón de pausa de una relación con la esperanza de que emerja la claridad a partir de un conocimiento intuitivo más profundo de la situación.

Un aspecto interesante de esta estrategia de resolución de conflictos es que la separación es el tercer paso, no el primero. He conocido a muchas personas que ven la separación como la forma de resolver el conflicto. Aunque comprendo esa sensación, creo que es sensato intentar primero una resolución pacífica, incluso reconociendo ahora que uno no puede intentar reconciliarse *indefinidamente* a costa de la propia paz interior.

4. Danda (castigo)

Cuando ninguno de los pasos anteriores funciona, los antiguos nos aconsejan proceder a *danda*, o «castigo». Antes y ahora, había situaciones que los individuos no podían resolver o manejar por sí mismos, situaciones que, a pesar de nuestros mejores esfuerzos, se agravan hasta convertirse en un peligro físico o psicológico incluso tras un período de separación que pretendía calmar los ánimos y restablecer los sentimientos heridos. En el caso de *danda*, se nos aconseja pedir ayuda a una parte imparcial o que intervenga una autoridad superior. Imagina algo como llamar a la policía u obtener una orden de restricción, y podrás entender la intensidad y la urgencia de *danda*.

Aunque nuestro primer impulso podría ser que la «resolución de conflictos» siempre significa reparar una relación, también podría significar poner fin a la relación de una manera que honre a ambas partes pero que también acepte la verdad de la situación: el hecho de que una reconciliación no es ni deseable, ni sana, ni posible.

Al poner en práctica estos principios en mi propia vida, he descubierto que son una guía útil para poder demostrar coraje frente al miedo y encontrar mi luz interior frente a situaciones exteriores sombrías. No creo que los límites tengan que ser fríos, afilados o punzantes como las espinas. Creo más bien en las «fronteras fragantes», que son límites a través de los cuales podemos hacernos valer con acciones firmes, guiadas por un corazón puro y deseos de lo mejor y lo más elevado para otros. Aunque me siento afortunada de no haber tenido que pasar por muchos de estos momentos límite, ahora siento a la diosa Katiaiani en mi interior. También entiendo su espada de un modo más matizado; no solo elimina a las personas en nuestra vida que no contribuyen ni ven la visión del Ser superior que queremos alcanzar, sino que también elimina los miedos y los apegos temerosos que nos mantienen atados a nuestro ser pequeño.

El camino a seguir: prácticas para la intuición

PRÁCTICA: ***Dedica menos tiempo a estar con gente que te debilita energéticamente.***

Es clave observar cómo te sientes con las distintas personas de tu vida. ¿Hay personas que te llenan de energía mientras que otras la debilitan, te agotan y hacen que te sientas aliviado de no estar ya en su presencia? Sé sincero contigo mismo al responder a estas preguntas, ya que hacerlo te ayudará a discernir cuánto tiempo y energía quieres dedicar a las distintas personas de tu vida.

No es fácil prestarle atención a la voz interior de tu intuición cuando estás rodeado de personas que intentan disuadirte de creer en lo que sientes que es verdadero. Suele suceder que, cuando intentas compartir ideas espirituales con quienes no están transitando un camino espiritual, se burlen de ti (en el mejor de los casos) o directamente invaliden tu intuición. Por eso, para proteger tu intuición necesitas usar la poderosa espada de Katiaiani para eliminar situaciones que puedan hacerte perder la confianza en ti mismo y en tu camino espiritual. También debes renunciar a la necesidad de ganarte la aprobación de todas las personas de tu vida.

Los miembros de la familia pueden ser todo un reto cuando estás recorriendo un viaje espiritual. Puedes poner límites de forma efectiva con ellos y con otras personas que no entienden tu espiritualidad pero que son importantes para ti, comunicándoles que necesitas una cierta cantidad de tiempo para hacer lo que sea que te motive espiritualmente y compartirlo con ellos cuando estés disponible. Hacer esto no es egoísmo; es ayudarte a conectar con la mejor parte de ti, de modo que cuando vuelvas a frecuentar tus relaciones, te sientas revitalizado y seas lo mejor que puedes ser para los demás también de esta manera.

Decidir pasar menos tiempo con personas que te restan energía no es algo que debas hacer por crueldad u odio hacia las personas de tu vida. Puedes ser completamente amable y cariñoso con esas personas mientras eliges estar menos disponible para ellas. Alejar tu energía de la gente que te agota te da más espacio para nutrirte con personas, proyectos y energía que te hacen sentir bien contigo mismo. Sentirte bien contigo mismo, a su vez, despierta tu confianza en el conocimiento interior de tu tercer ojo, permitiendo que la luz de la diosa Katiaiani brille en tu interior.

PRÁCTICA: *Dedica tiempo a realizar actividades solitarias.*

La soledad es esencial para poder ir hacia el interior, que es la clave para activar el poder de tu intuición, y al que solo puedes acceder desde tu interior. Aunque no puedas estar siempre completamente solo, resulta útil dedicar tiempo todos los días a realizar actividades que requieran introversión, como leer libros espirituales, escribir en un diario o dar un paseo solitario al aire libre.

A medida que te vuelvas más introvertido, te darás cuenta de que reaccionas menos ante los demás, lo cual vuelve difícil que puedan provocarte. Esto disminuye los conflictos relacionales basados en palabras y comportamientos reactivos. Al realizar prácticas espirituales para mejorar tu intuición y despertar tu tercer ojo, puedes sentirte más seguro a la hora de enfrentar los retos que surgen en tus relaciones si te mantienes cerca de tu Ser verdadero.

PRÁCTICA: *Al dar a los demás, hazlo de forma que les ayude a crecer.*

Dar es una actividad maravillosa, pero el regalo más genuino proviene de comprender que nada en el mundo puede darte la alegría que buscas, ya que esta solo puede encontrarse en la conexión con tu Ser verdadero.

La diosa Katiaiani nos inspira a dar para no alentar a otros a depender de nosotros. Esto se debe a que la independencia es la meta final del viaje espiritual. Si damos de una manera que vuelve a otros dependientes de nosotros, les quitamos su autonomía y, en última instancia, les hacemos un flaco favor.

Víctor Hugo cuenta una historia hermosa en *Los miserables* sobre cómo dar puede beneficiar a quien recibe el don. Una noche, un hombre escapa de la prisión y debe encontrar un lugar donde dormir. Un sacerdote lo acoge, lo alimenta y permite que duerma en su casa. El preso acepta la hospitalidad, pero roba un par de platos de plata en mitad de la noche. Cuando un agente de policía atrapa al presidiario, el cura protesta cuestionando al agente por acosar al convicto y afirma haberle regalado los platos. El policía se disculpa por su error y se marcha. Cuando se va, el cura toma dos candelabros de plata pura y se los da al preso y le dice: «Recuerda, la vida es para dar, no para tomar». El preso se marcha como un hombre cambiado y a partir de ese día se transforma en una persona que da.

Queremos que nuestra entrega tenga este tipo de impacto en los demás, que al recorrer nosotros mismos ese camino les mostremos cómo convertirse en personas más nobles e independientes en el aspecto emocional y en otros sentidos.

PRÁCTICA: *Trata a los demás como te gustaría que te trataran a ti.*

La antigua tradición espiritual védica cree en la ley de la causalidad, que tiene dos facetas: la ley del destino y la ley del karma. La persona que eres hoy es una culminación de todos los pensamientos, deseos y acciones pasadas que has tenido. Según esta ley del destino, recoges las semillas que siembras. Por lo tanto, tu destino actual está fijado, determinado por las acciones que has realizado en el pasado. Como nos informan los Upanishads, un conjunto de antiguos textos espirituales védicos, el destino funciona de la siguiente manera:

Siembra un pensamiento, cosecha una acción.
Siembra una acción, cosecha un hábito.
Siembra un hábito, cosecha un carácter.
Siembra un carácter, cosecha un destino.

Tú eres el arquitecto de tu propio destino.

Tú eres el arquitecto de tu propio destino, que comienza en el ámbito de tus pensamientos. La ley del karma lleva la ley del destino hacia el futuro. Se extiende más allá para afirmar que no solo eres un producto de tu pasado, sino que tienes el poder de generar tu futuro. No hay nada que puedas hacer con respecto al pasado, así que es importante que dejes de preocuparte por él. Pero con respecto a tu futuro, eres el amo. Puedes crearte un futuro mejor en tus relaciones con los demás tratándolos como te gustaría que te trataran a ti.

Esta práctica va unida a la facultad de guiar a los demás con el ejemplo. La mejor manera de plantar las semillas de relaciones más felices es tener claro aquello que más te gustaría tener en ellas (respeto, amor, aprecio, etc.), y luego dándotelo más a ti mismo. Tenemos que dar amor para recibirlo. Este es el mensaje que nos da la diosa Katiaiani en nuestro tercer ojo de sabiduría y conocimiento interior.

PRÁCTICA: *Mírate a los ojos y percibe lo divino que hay en ti.*

Suele ser más fácil ver la divinidad en las imágenes de dioses y diosas y en los rostros de las personas que admiramos. Para quienes nos dedicamos a servir a los demás de modo activo, puede ser más fácil ver la divinidad reflejada en los ojos de niños, ancianos e incluso animales y plantas. Durante mucho tiempo, en mi propio viaje espiritual para conocer a mi Ser, antepuse a los demás a mí misma. Podía ver la divinidad en aquellos a los que admiraba como maestros, porque los colocaba en un pedestal al mismo tiempo que no reconocía mi propio valor. Solo me sentía bien conmigo misma cuando daba y realizaba acciones altruistas en beneficio de los demás.

Pero la presencia de la diosa Katiaiani en mi tercer ojo me ayudó a darme cuenta de que, si mi objetivo era ver la unidad de todos los seres, entonces no podía excluirme a mí misma de dicha unidad. En cierto sentido, estudiar el ser espiritual es una hermosa invitación a ser más amable con uno mismo para aprender y expresar todo el poder espiritual de quien realmente eres. Al mirarte a los ojos y ver a la diosa Katiaiani (o cualquier otra forma de divinidad con la que te identifiques) reflejada en ellos, tienes una oportunidad de sentir un profundo amor por ti mismo. Los ojos, donde vive esta diosa, son muy poderosos en el viaje espiritual, porque son espejos de tu alma.

Cuando miras de verdad a una persona a los ojos, aunque estés enfadado con ella, puedes verte reflejado en ellos en sentido literal y figurado. Aunque estés enfadado o frustrado contigo mismo por alguna razón, o especialmente si sientes que no mereces ser amado, funciona el mirarte a los ojos y perdonarte a ti mismo. Ámate a ti mismo. Ve la luz de la diosa en tus propios ojos. La meta del viaje espiritual es ver el mismo ser en todos los seres. Cuando empieces a ver la luz de la divinidad en tus propios ojos, cambiará profundamente para mejor la forma en que ves todo –y a todos– en tu vida.

PRÁCTICA: *Practica el perdón con discernimiento y límites saludables.*

La ira es una emoción necesaria: nos indica cuándo se han transgredido nuestros límites. Pero perdonar a otros por las formas en que nos hieren es una parte importante de la práctica de amar a los demás. Y lo que es más importante, es una forma de amarnos a nosotros mismos evitando castigarnos con los efectos dañinos de la ira, que arruinan nuestra felicidad.

Hay una maravillosa antigua parábola védica sobre una serpiente y un sabio que ayuda a comprender este mensaje. Una serpiente vivía en las afueras de una aldea, atacando a los aldeanos e inyectándoles su veneno.

Un día, un sabio pasó junto a la serpiente. Esta salió de su escondite, a punto de atacar. A diferencia de la mayoría de los transeúntes, el sabio se quedó completamente quieto, sin inmutarse.

La serpiente reconoció la divinidad en el sabio y le pidió perdón. El sabio respondió aconsejando a la serpiente que no tuviera tanto odio y crueldad, y que dejara de causar tantos problemas en la aldea. La serpiente aceptó abandonar su agresividad y convivir pacíficamente con los demás.

Unos días después, el sabio volvió a pasar por allí. Encontró a la serpiente herida y derrotada. Le preguntó por qué había perdido todo su poder. La serpiente respondió: «Señor, solo seguí sus sabios consejos. Expresé mi amor a todo el mundo. Los aldeanos me arrojaron piedras». El sabio dijo: «Lo siento. Debería haberlo aclarado. Quería que vivieras en armonía con los demás, pero no hasta el punto de permitir que te atacaran. Sin sentir odio en tu corazón, deberías haber ahuyentado a la gente con un siseo».

Esta historia fue clave para desbloquear mi propia libertad espiritual. Mi nombre espiritual es Ananta, que significa «rey de las serpientes naga». Cuando comencé mi viaje espiritual hacía énfasis en amar a los demás, en detrimento de mí misma. A medida que avancé por mi camino, me di cuenta de lo importante que era ejercer el discernimiento en todas partes, con todo el mundo, todo el tiempo.

Algunos de los momentos más poderosos de transformación personal han sido cuando he tenido que rechazar con un siseo a personas manipuladoras muy cercanas a mí. Primero tenía que encontrar un espacio puro en mi interior, y luego sentir mi unicidad y mi amor con estas personas en mi corazón mientras actuaba por el bien superior (*dharma*). El perdón es mucho más empoderador que la ira y la venganza, que solo sirven para intensificar y prolongar el dolor del conflicto en lugar de permitirte experimentar la paz interior que la diosa Katiaiani revela en tu tercer ojo como tu verdadera naturaleza.

PRÁCTICA: *Crea un santuario sagrado donde puedas acceder a tu intuición.*

Tu intuición es la voz de la diosa Katiaiani que te habla directamente. Es muy útil crear un espacio sagrado especial donde puedes ir para conectar con esta guía interior de lo divino dentro de ti. Puedes llenar tu espacio sagrado con diferentes símbolos que te hablen directamente y te recuerden lo más elevado de ti. Fotografías, estatuas, cartas, cristales, piedras preciosas, libros espirituales, dibujos, pinturas, incienso, velas y todo tipo de obras de arte sagradas son ideas increíbles para lo que puedes añadir a tu santuario.

Yo conservo estatuas de la diosa Lakshmi y de la diosa Saraswati, junto con una del dios elefante Ganesha (que actúa con Lakshmi) en mi santuario, que actualmente es una estantería convertida en altar. También tengo un japa mala (rosario); un *kalash* (recipiente de cobre); libros sagrados; una foto de la Virgen María; una foto de mi gurú Baba Ayodhya Nath Sinha; su padre y maestro, Bade Baba Shanti Prakash, y algunas plantas en mi espacio sagrado. Todos estos seres y objetos particulares me recuerdan que debo conectar con el poder y el conocimiento que viven dentro de mí. Personalmente, me encanta mirarlos mientras trabajo, ya que me ayuda a alinear mis pensamientos, palabras y acciones.

Cuando conectas con símbolos y seres sagrados, ayudas a tu santuario interior, a tu hogar espiritual interno, a encontrar un hogar en el mundo exterior. Cuando observo a la diosa Lakshmi en mi altar, por ejemplo, recuerdo el poder del amor y la abundancia que hay en mí. Cuando veo a la diosa Saraswati, recuerdo mi conocimiento y sabiduría superiores. Ver el *kalash* me recuerda la capacidad que tengo de purificarme. Y así sucesivamente. Al crear tu propio santuario sagrado, puedes conectar con símbolos que han estado imbuidos de energía y sentido durante siglos. También te das una oportunidad de acceder a la sabiduría y la gracia espiritual antiguas, el poder de la diosa Katiaiani en tu tercer ojo de la intuición.

PRÁCTICA: *Lleva un diario de sueños para observar señales que se repitan, símbolos o mensajes que provengan de tu interior.*

Tus sueños pueden estar llenos de pautas de orientación interior de lo más profundo de tu ser subconsciente. Contienen diferentes señales y símbolos que sirven como pistas para tus próximos pasos y tu destino potencial. Anota lo que ves en tus sueños cada mañana al despertar. Aunque no puedas recordarlo todo, puede que recuerdes suficientes detalles como para empezar a observar patrones. A medida que escribas este diario, observa si surgen patrones en cuanto a personas, signos, símbolos o mensajes recurrentes que tu subconsciente puede estar tratando de comunicarte.

PRÁCTICA: *Observa sincronicidades de mensajes, símbolos, números y animales que se repiten en tu vida diurna e investiga sus significados más profundos.*

Permanecer despierto y alerta a la presencia de diferentes signos, símbolos, números significativos y animales durante tu vida de vigilia es una práctica profunda. También sirve anotar lo que observas en un diario para empezar a ver si hay repeticiones. Luego puedes aprender más sobre lo que observas, o incluso un símbolo o animal en particular con el que te sientas identificado. Esta práctica es especialmente beneficiosa cuando estás confundido acerca de algo importante en tu vida (como una relación, tus estudios o tu carrera). También puede ser decisiva para tomar decisiones, como mudarse o no, empezar un nuevo trabajo o negocio, casarse, tener hijos, entre otras.

Los leones son un animal con el que me identifico profundamente. Siempre me ha encantado Simba, y considero que su camino en *El rey león* refleja mi propio camino. Al investigar más sobre los leones, me di cuenta de que me identificaba particularmente con el puma. Cuando estudié más sobre ellos en SpiritAnimal.info, encontré lo siguiente:

«Si el puma se te ha acercado, es indicio de que has accedido a tu propio poder. Ahora es el momento de tomar las riendas de una situación. Ahora es el momento de ser fuerte».

Además, aprendí en SpiritAnimal.info que «el puma está aquí para recordarnos que debemos equilibrar nuestro poder. Es importante saber cuándo ser amable y cuándo es más productivo utilizar tu energía. Quizá la lección más importante que aprendemos de este animal de poder es cómo utilizar nuestras cualidades de liderazgo sin la presencia del ego. El puma refuerza tu conexión con el mundo espiritual e infunde miedo incluso en los corazones más valientes. Puedes prevalecer contra viento y marea, y eres el monarca de tus dominios».

A continuación, palabras relacionadas con el puma: *diosa madre, defender las convicciones, mensajero entre los seres humanos y divinos, evaluación sensorial, guerrero espiritual, enigma.* En realidad, empecé a escribir este libro justo cuando observaba la presencia del puma en mis sueños, para reforzar mi propia conexión intuitiva con la diosa Durga en sus nueve formas durante las nueve noches de Navratri.

CAPÍTULO 7

Trascender el trauma con sabiduría

Aquel que ha conquistado la mente, ya ha llegado a la Superalma, porque ha conseguido la tranquilidad. Para ese hombre, la felicidad y la aflicción, el calor y el frío, y la honra y la deshonra son todos lo mismo.

—**BHAGAVAD GITA, capítulo 6, verso 7**

Dichosos los guerreros espirituales, a quienes se les presenta semejante combate sin buscarlo, como una puerta abierta al cielo.

—**BHAGAVAD GITA, capítulo 2, verso 32**

Cultivar la trascendencia

Después de haber definido y protegido nuestra realidad con nuestra intuición en el capítulo 6, es necesario asegurarse de que se alinea con la Realidad Última, la Verdad, que resiste la prueba del tiempo. Alinear nuestra realidad con la Realidad Última significa soltar cualquier apego a las viejas historias que hemos contado y vivido, para poder quedarnos solo con aquello que es eterno e inmutable. En el capítulo 7, empezamos a ver todo con los ojos de la sabiduría, que puede llegar a la parte fundamental de cada situación.

¿QUÉ ES LA REALIDAD ÚLTIMA?

La Realidad Última, o la Verdad (con V mayúscula), es otro término para la conciencia universal que en la tradición espiritual védica se cree que mantiene unidos a todos los seres y objetos. Para que algo refleje la Verdad o Realidad Última, debe permanecer igual en todos los tiempos: pasado, presente y futuro. En ese sentido, la única cosa que resiste la prueba del tiempo y puede ser considerada Realidad Última es la naturaleza eterna del alma. Solo el alma (que es la misma en todos los seres) permanece intacta e inalterable por el paso del tiempo. Cuanto más estudiamos la espiritualidad, más comenzamos a alinear nuestra existencia con esta Realidad Última y a tomar decisiones que nos acercan a aquello que es eterno en la vida.

Encuentro una gran similitud entre la diosa Kalaratri, que simboliza el poder espiritual de la trascendencia, y la diosa Chandraghanta, que representa el poder de la transformación (en el capítulo 3). Mientras que la transformación se produce cuando realizamos acciones firmes y constantes para superar nuestros miedos, la trascendencia resulta de aplicar el conocimiento espiritual para ver los traumas que hemos sufrido a través de los ojos de la sabiduría. Esto permite que nunca nos veamos como víctimas indefensas a merced de un mundo cruel, sino más bien como manifestadores poderosos de nuestro propio destino.

La diosa Kalaratri es innegablemente feroz en todos los sentidos posibles. Ella nos muestra que trascendemos el trauma cuando estamos dispuestos a disipar las fantasías en las que estábamos previamente (de manera inconsciente) sumidos. Esta batalla solo puede librarse una vez que nos afirmamos con los poderes anteriormente adquiridos de estabilidad, creatividad, transformación, amor, voz e intuición.

A pesar de la apariencia aterradora de la diosa Kalaratri, creo que es la forma más amorosa de la diosa Durga, porque elimina todo lo que *no* somos: las fantasías, las mentiras y los mitos a los que hemos suscrito (¡sin siquiera saber que lo hemos hecho!). Porque solo cuando nos liberamos de las fantasías somos verdaderamente libres. Esta diosa da vida al Evangelio de Juan: «Y conoceréis la Verdad, y esa Verdad os hará libres».

La filosofía espiritual vedanta describe cómo la Verdad, para ser verdadera, debe serlo en todo momento: pasado, presente y futuro. También define al mundo como *dvandvas*, una palabra sánscrita que significa «pares de opuestos». Ante el placer y el dolor, los seres humanos estamos condicionados para correr hacia el placer y huir del dolor. Los verdaderos yoguis, sin embargo, aguardan el dolor y la dificultad, porque solo enfrentándonos al dolor, la pena y la deshonra tenemos la oportunidad de trascender la dualidad del placer y el dolor y, por tanto, de trascender el mundo y los traumas que nos provoca (basados en nuestro karma pasado). La práctica espiritual de trascender los pares de opuestos se denomina *titiksha* en sánscrito. Es la clave de nuestra evolución espiritual.

Trascender el mundo no significa quedarse solo en una cueva alejada. Significa desarrollar lo que el señor Krishna describe en el capítulo 2 del Bhagavad Gita como *stitha pragya*, que significa «sabiduría constante». Esto se consigue trascendiendo el deseo y sus miedos asociados (a no conseguir lo que queremos o a perder lo que tenemos y que tanto deseábamos) y la ira (lo que experimentamos cuando se frustran nuestros deseos).

Para desarrollar una sabiduría estable, debemos estar anclados en todo momento, en la medida de lo posible, en el conocimiento de lo que es eterno. Con este anclaje, podemos practicar el discernimiento entre lo eterno y lo pasajero.

El conocimiento es poder. Nos provee de todo tipo de armas que necesitamos para convertirnos en verdaderos guerreros espirituales, como la diosa Kalaratri. Adquirir aún más conocimientos en los ámbitos emocionales, espirituales y físicos fue la clave para trascender el trauma que sufrí en el pasado, en mi camino hacia convertirme en una guerrera espiritual. Cuanto más ahondaba en la comprensión de cada trauma al que me enfrentaba, más aprendía, tanto de la oscuridad como de la luz. ¿Por qué, entonces, atribuir un juicio de valor a uno u otro?

Conociendo a KALARATRI

La diosa Kalaratri es, sin lugar a dudas, la forma más terrorífica de la diosa Durga. *Kal* significa «tiempo» en sánscrito, pero también significa «muerte». *Ratri* significa «noche», «oscuridad» (de la noche) e «ignorancia» (cuando eres incapaz de ver la Verdad). La diosa Kalaratri es la que trae la muerte de la noche oscura de la ignorancia de quién eres como ser espiritual.

Esta diosa es representada en color azul oscuro, como el cielo nocturno, con el pelo alborotado y despeinado. Tiene cuatro manos y lleva una cimitarra y un rayo en las manos, que el señor Indra le regala y que traen consigo la bondad. Sus otras dos manos forman los gestos de dar (bendiciones) y proteger (del miedo). Tiene tres ojos. De sus fosas nasales sale fuego cuando respira. Lleva un mala (una colección, normalmente de cuentas) de energía eléctrica.

Érase una vez, dos demonios, Shumbha y Nishumbha (que fueron los responsables de enviar al gran demonio para intentar seducir a la diosa Katiaiani), recibieron la profecía de que ningún hombre, humano o animal los derrotaría jamás. Solo podrían ser derrotados por una mujer. No conocían mujer lo suficientemente poderosa como para matarlos, por lo que esta profecía les dio licencia para hacer lo que quisieran. Comenzaron torturando santos e insistiendo en que los santos los adoraran a ellos en lugar de a seres divinos. También enviaron a otros dos demonios, Chanda y Munda, a luchar contra Chandi, una diosa poderosa. En el fragor de la batalla, Chandi creó otra diosa, Kalaratri, para ayudarla a combatirlos.

Después de que Kalaratri derrotara a Chanda y Munda, Shumbha y Nishumbha enviaron a otro demonio, llamado Raktabeej, para matar a Kalaratri. *Rakta* significa «sangre» y *beej* significa «semilla». Raktabeej tenía el poder de la clonación, así que cada vez que una sola gota de su sangre caía al suelo, servía como semilla de la cual aparecía otro demonio como él.

Cuando Kalaratri vio que no iba a poder matar a Raktabeej mientras su sangre siguiera cayendo al suelo, comenzó a beber la sangre ella misma, para evitar que se convirtiera en otro clon, y así, finalmente, ganó la feroz batalla.

Según la mitología, Kalaratri destruye a todos los malhechores y por ello tiene el poder de poner fin a problemas de larga duración que involucran la crueldad y el abuso. Es la diosa madre por excelencia, que recompensa a quienes la siguen (siguiendo la Verdad más elevada) eliminando las fantasías de sus devotos. Al principio, no es fácil mirarla, así como no siempre es fácil ver la Verdad. Pero cuando finalmente abrimos los ojos, la Verdad nos libera del cautiverio y el sufrimiento que padecemos al vivir de fantasías.

Personalmente, Kalaratri me resultó muy intimidante al principio. No terminé de entenderla hasta que empecé a ahondar en mí misma y en los condicionamientos a los que me había sometido a lo largo de mi vida, como la idea de que el amor y la aprobación que los demás podían ofrecerme eran mayores que los míos. Ella me dio la fuerza para ver lo que era transitorio y cambiante en mi vida frente a lo eterno e inmutable (el alma de todos los seres). Una vez que pude ver estas fantasías, se desvanecieron. Y lo único que me quedó fue mi Ser verdadero.

Esta diosa es el emblema de la iluminación espiritual en muchos sentidos. La iluminación no llega sin una batalla encarnizada contra las fuerzas, los pensamientos y las emociones más oscuras en tu interior. El viaje espiritual es el más duro de todos los que emprenderás alguna vez, pero también es el que te da los mayores dones, que permanecen contigo no solo en esta vida, sino también en las vidas que vendrán. Ningún progreso que se haga en el camino espiritual se desperdicia. La diosa Kalaratri es alguien a quien podemos invocar cuando emprendemos nuestras propias batallas más profundas para que el poder del amor verdadero y eterno (frente a los apegos pasajeros) prevalezca en nuestras vidas.

LA VERDAD Y EL SÉPTIMO CHAKRA

El poder de la Verdad se conecta con el séptimo chakra (conocido como «el chakra corona»). Está situado en la corona de la cabeza, donde la energía espiritual abandona tu cuerpo en el momento de la muerte y donde también empiezas a alcanzar la iluminación. Cultivar el poder de la Verdad en tu chakra corona te empodera para acceder a un estado más iluminado del ser, en el que puedes sentir la interconexión de tu propia alma con el alma universal.

Kalaratri está representada como una diosa aterradora, llena de ferocidad, con un japa mala (rosario, normalmente hecho de cuentas de oración) hecho de una energía intensa como la electricidad. Lleva el pelo revuelto y desordenado y va montada en un burro. ¡No es fácil mirarla! Simboliza la Verdad, que, si bien te libera, no resulta fácil de ver al principio al estar almibarada y envuelta en capas de mentiras y fantasías. Pero cuando finalmente eres capaz de ver la realidad por lo que es, te das cuenta de que es el regalo más grande.

Realizar una evaluación

¿Cómo sabes que estás evolucionando espiritualmente? Hay tres señales importantes que indican que estás desarrollando *stitha pragya* (sabiduría constante), cuando tienes que enfrentarte a situaciones que son disparadores emocionales que te recuerdan traumas anteriores de tu vida. Giran en torno a la agitación mental que sientes cuando sufres deseo, miedo o ira.

Me sirvió mucho emplear estas señales como guía para mí misma cuando pasé por experiencias dolorosas a lo largo de mi viaje espiritual, especialmente cuando las acciones de los demás disparaban mi dolor infantil. He notado que cada vez que surgen estas situaciones, tengo mayor capacidad de superar mis reacciones emocionales con rapidez y menor intensidad, en lugar de permanecer en un estado doloroso y sin resolver, como me habría ocurrido antes.

Señales de que tu propia sabiduría es cada vez más constante:

1. La frecuencia de tu agitación mental ante disparadores emocionales disminuye.
2. La intensidad de tu dolor ante disparadores emocionales es menor que antes.
3. El tiempo que tardas en recuperarte de un disparador emocional es más rápido que antes.

Trascender el trauma con sabiduría

Determina qué deseo(s) emocional(es) subyacente(s) puede(n) haberte llevado a desempeñar un rol en cualquier trauma que hayas vivido de adulto y examínalo(s) para comprender la(s) fantasía(s) inherente(s) a ellos

Como somos criaturas que repetimos patrones, a menos que reconozcamos con valentía nuestro papel en la recreación de patrones conocidos, seguiremos repitiendo la misma dinámica en relaciones diferentes. Para crear cambios que rompan con los patrones, debemos mirar con valentía los deseos que nos hacen ceder nuestro poder.

En mi caso, llegué a reconocer dos deseos fuertes dentro de mí. Uno era un profundo anhelo de amor materno incondicional. El otro era conocer mi verdadero Ser.

Cuando reflexioné sobre el modo en que mi deseo de amor materno se encontraba en la raíz de muchos de los traumas que sufrí, desenmascaré la fantasía de que el amor de una madre era algo que necesitaba encontrar fuera de mí misma. El viaje espiritual de Navratri me había llevado a una experiencia sublime de lo divino bajo la forma no solo de una, sino de nueve madres que pude encontrar al mirar profundamente en mi interior. Con solo acordarme de que una diosa madre amorosa vive en mi interior, recuerdo que tengo el poder de ser mi propia madre y de cuidar de la niña que llevo dentro y que desea el amor y la protección de su madre en todo momento.

Adquiere conocimientos espirituales de forma sistemática para recordar y unir a tu propia alma etern

Lo único que realmente puede llenar el vacío emocional dentro de nosotros es una armadura permanente de conexión con nuestro Ser verdadero. Este tipo de autonomía emocional es la búsqueda del viaje espiritual y se vuelve posible sabiendo quiénes somos como seres eternos. El camino de la liberación y la trascendencia es profundamente espiritual.

Aunque la palabra *gurú* trae malos recuerdos a muchas personas debido a los muchos gurús que han utilizado el poder del título para abusar de la gente, un verdadero gurú es aquel que despierta el gurú en los demás. Hay una palabra sánscrita, *vishvasi*, que significa «estar dispuesto a depositar la fe en fuentes dignas de confianza y no ser carcomido por el cinismo más allá de límites razonables». Me siento muy bendecida por haber estudiado (y seguir estudiando) el Bhagavad Gita y muchos otros textos del Vedanta de modo sistemático, con un verdadero gurú como Swami Parthasarathy.

En el *Tratado Vedanta*, Swamiji (como le llaman cariñosamente) enseña a los estudiantes a cuestionarlo todo. Hacerlo desarrolla tu intelecto sutil, que te capacita para discernir lo que es eterno y cierto de lo que es transitorio y falso, una práctica esencial para hacernos avanzar en el viaje espiritual. De este modo, llegamos a comprender cada vez más quiénes somos y olvidamos quiénes no somos. Aprender sistemáticamente quiénes somos de verdad, contemplar este conocimiento y luego actuar de un modo que refleje el conocimiento de nuestro Ser verdadero, para mí, es la esencia del despertar espiritual. Cuestionar todo lo que hacemos también nos permite encarar nuestras acciones con mayor intencionalidad y cambiar nuestros comportamientos hacia otras personas respecto a las que ocupamos posiciones de liderazgo (como niños, estudiantes, empleados, etc.), para que no repitamos ciegamente conductas inconscientes de nuestros padres, profesores, jefes, entre otros.

Ante el trauma que sufrí cuando llevaba años de estudio espiritual, fue el conocimiento de quién soy lo que me permitió desenmascarar las fantasías que otras personas presentaban de sí mismas y salvarme del peligro y la aflicción. Este conocimiento sigue conectándome directamente con mi poder y me da confianza para trascender la zona de confort de mi ego al servicio de la Verdad y del mayor bien de todos (el *dharma*).

Cuanto más sé y más recuerdo quién soy como ser espiritual, especialmente en tiempos sombríos y difíciles, más empoderada me siento, y menos poder tiene nadie fuera de mí para hacerme daño. Cuando veo los traumas de mi vida a través de la lente de la trascendencia, entiendo cómo todo lo que experimenté fue un portal para que despertara al poder incuestionable de mi Ser verdadero.

Esta forma de ver el trauma hace que nunca me considere víctima de los comportamientos perversos de los demás, sino que vea los acontecimientos traumáticos como iniciaciones o ritos de paso que elijo trascender conscientemente (en lugar de repetirlos continuamente en mi mente o en mi vida) profundizando mi conocimiento de quién soy como ser espiritual. Hoy, cuando recuerdo todos los traumas que sufrí, los veo como maestros profundos que me llevaron de nuevo a conocer y apegarme únicamente a mi Ser verdadero: el único propósito de una búsqueda espiritual.

Ganar fuerza física como forma de encarnar el poder de un guerrero

Una vez que comprendas mejor tus deseos emocionales inconscientes y utilices el conocimiento espiritual sistemático para trascender estos deseos (la esencia del camino del guerrero interior), es importante encarnar este poder físicamente. Los traumas se guardan en el cuerpo; por eso es importante mover el cuerpo para mover las emociones con el fin de permitir que fluyan en vez de permanecer estancadas. Personalmente, creo que las artes marciales son una manera fantástica de encarnar por fuera el guerrero interior de mi ser. De todos modos, si no puedes hacer un entrenamiento intenso de fuerza física, el solo realizar, por ejemplo, un entrenamiento de asertividad (para expresarte plenamente) puede conectarte con el poder de la trascendencia.

Por mi parte, aprendí Kalaripayattu («Kalari» para abreviar), que es la forma de artes marciales más antigua del mundo, y una de las mejores maneras de *atma rakshana*, o «proteger el alma eterna». El objetivo de Kalari es sanar y proteger el ser e, incluso, tu «enemigo», ya que se basa en la creencia de que en realidad no hay otro. Solo hay un Ser y, por lo tanto, los únicos enemigos reales que tenemos son los demonios internos que nos mantienen separados de nuestro Ser verdadero.

Se dice que el poder de la diosa Durga es equivalente al poder de todos los dioses masculinos. Los dioses masculinos le dan a Durga sus armas para destruir al demonio más grande, que no pueden conquistar. Aprender Kalari fue y es una práctica espiritual sumamente empoderadora para mí para encarnar físicamente el poder de la diosa Durga. Me dio la fuerza para ser visible y expresarme exteriormente, en lugar de reprimirlo todo en mi interior.

Las preocupaciones por el pasado y la ansiedad por el futuro son lo que nos impide vivir plenamente en el momento presente: una práctica espiritual esencial de trascendencia. No tengo control del abuso sexual que sufrí y del que se me culpó en el pasado. Lo acepto todo como karma y elijo conscientemente considerarlo una invitación para experimentar mi poder espiritual inviolable. Encarnar la fuerza de un guerrero y entrenarme continuamente para elaborar estrategias rápidas para bloquear y defender mi cuerpo de las diversas situaciones que enfrenté en el pasado, hasta convertirlo en algo natural, me da el coraje para poder trascender el dolor del pasado y sentirme plenamente viva en el presente, sin sentir ansiedad por amenazas futuras.

En todas las dimensiones, la emocional, la espiritual y la física, encarnar el poder de la trascendencia nos da la fuerza para superar nuestros miedos más profundos y vivir libres, aquí y ahora, eternamente.

El camino a seguir: prácticas para trascender

PRÁCTICA: *Ve a todas las personas que conozcas como almas, en lugar de ver solo sus cuerpos físicos.*

A menudo, es el aspecto físico el que nos atrae en una pareja romántica, pero la presencia de la diosa Kalaratri en nuestro chakra corona nos anima a ver más allá. Cuando practicas ver a todos los que conoces en tu vida como seres espirituales en lugar de solo cuerpos (que puedes juzgar basándote en su apariencia), tienes una oportunidad de establecer conexiones más profundas con los demás.

Cuando ves a todo el mundo como un alma, también cambia la forma en que ves a los que se comportan mal, porque puedes reconocer que todos somos almas con un camino propio por recorrer, avanzando a ritmos diferentes según lo preparados que estemos para la transformación y la evolución espirituales. Reconocer la dimensión del alma de una persona significa ver lo que tienes en común con todos los demás: la esencia del ser.

Esta práctica también es extremadamente beneficiosa si sufres de apegos a la presencia física de otros seres, sean humanos o animales (como mascotas). Mirarlos a los ojos y verlos como almas eternas en un largo viaje de regreso a su hogar espiritual, sirve para obtener perspectiva. Como el alma que está en tu interior y en el interior de los demás es la misma, cuanto más conectes con lo que es eterno dentro de ti, más convencido puedes estar de la conexión permanente con cualquiera que ames a nivel espiritual. Los vínculos en los que se considera el alma de los demás no pueden romperse jamás porque el alma es eterna e infinita y vive más allá de la vida del cuerpo, según la antigua sabiduría espiritual.

> El alma es eterna e infinita y vive más allá de la vida del cuerpo, según la antigua sabiduría espiritual.

PRÁCTICA: ***Repite el mantra «Yo no soy mi cuerpo» para ir más allá de la identificación con tu ser físico.***

En la antigua tradición espiritual védica, el placer es una de las cuatro metas de la vida. No hay nada malo en disfrutar de los placeres de una buena salud, ropa bonita, buen sexo, buena comida y estar bien acompañado. De hecho, la antigua sabiduría espiritual de los Vedas dice que la renuncia (lo que distingue a la evolución espiritual) no consiste en abstenerse de objetos y seres mundanos. Ni siquiera significa necesariamente disminuir tus posesiones y gozo. Puedes estar en medio de todo esto, disfrutando de los placeres del cuerpo, mientras permaneces en el camino espiritual de la renuncia.

La verdadera renuncia significa ponerle el valor correcto a todo lo que el mundo nos ofrece, comprender que es fugaz y de importancia trivial, incluso mientras estés en el medio y disfrutando de los placeres mundanos. El problema con los placeres mundanos es cuando los deseas de manera obsesiva y empiezas a identificarte con ellos. Esto sucede cuando tienes trastornos relacionados con la comida (especialmente, comer en exceso y ser consumido por los anhelos de los alimentos), adicciones sexuales y una búsqueda implacable de la perfección física (cuando sientes que eres digno solo si tienes pechos o músculos grandes, por ejemplo). Incluso cuando restringes la ingesta de alimentos (en el caso de la anorexia) estás identificándote con tu cuerpo, por tu deseo de adelgazarlo y controlar excesivamente lo que ingieres.

Sin embargo, cuando ves el cuerpo desde una perspectiva espiritual, reconociendo sus limitaciones y su potencial para hacerte sufrir, y mantienes un control adecuado de tus sentidos, no eres un sensualista, aunque disfrutes de las cosas sensuales.

Habiendo lidiado con la anorexia durante gran parte de mi juventud, me sentía identificada con la apariencia y el control que ejercía sobre mi cuerpo. Mi sufrimiento giraba exclusivamente en torno al cuerpo. Al adoptar el mantra «Yo no soy mi cuerpo», pude dejar de enfocarme en mi ser físico y enfocarme en la parte de mi cuerpo que lo trasciende: mi alma. Fue muy liberador. Poco a poco, empecé a ver mi cuerpo con más objetividad. Cuanto más objetivamente veía mi cuerpo (y menos me identificaba con él), más podía cuidarlo, comiendo alimentos sanos y poniendo en práctica gran parte de lo que comparto en la primera sección de este libro. Con intención y cuidado, empecé a sanar.

PRÁCTICA: *Repite el mantra «Soy un alma» para fortalecer tu poder espiritual.*

Una de las cosas que más me gustan de las formas de la tradición espiritual védica es que, aunque reconoce los muchos retos de la vida humana, no nos permite ser víctimas ni quejarnos de nuestras circunstancias.

Más bien, en esta antigua tradición, debemos reclamar nuestro poder interior, afrontar retos y resolverlos con fe en nuestro corazón. Afirmar «Soy un alma» ayuda a superar el miedo, la ira y, en algunos casos, la vergüenza que puede manifestarse ante los retos. Aunque puede que no necesariamente hayamos creado las situaciones externas (en esta vida), cuanto más nos hacemos responsables del hecho de que algo negativo está ocurriendo, mientras recordamos nuestro poder como alma frente a el(los) obstáculo(s), más capaces somos de hacer frente a los desafíos que se nos presenten en la vida.

Puedes invocar a la diosa Kalaratri para que te apoye en esta práctica poderosa de recordar continuamente y afirmar mentalmente tu poder como alma frente a todas las dificultades. Imagina que tienes el poder de sus armas, y tú también, como alma, puedes exhalar fuego feroz por tus fosas nasales para destruir ejércitos de demonios (¡es una forma interesante de ver tus retos!).

PRÁCTICA: ***No trabajes para la plenitud, trabaja desde ella.***

Cuando equiparas tu sentido de abundancia con lo que el mundo te ofrece en términos de nombre, fama, dinero y otros recursos materiales, te extravías en la búsqueda de la realización a partir de algo externo a ti.

Puedes cambiar el enfoque y, en lugar de buscar la plenitud que ofrece el mundo, puedes trabajar desde la felicidad y la realización alcanzadas, sin importar las circunstancias. Esto es lo que significa realmente poner el corazón en tu trabajo, en lugar de buscar la satisfacción emocional en lo que haces. Si tienes una práctica espiritual que ya te ayuda a sentirte conectado con las partes más profundas de ti mismo, realízala más a menudo antes de empezar tu trabajo profesional o de otro tipo, para poder llevar a tu trabajo el tipo de satisfacción que sientes realizándola. También puedes consultar cualquiera de las prácticas de los capítulos 1, 2 y 4 para obtener ideas útiles de prácticas espirituales que puedes realizar para conectar con tu satisfacción interior.

También sirve escribir en un diario dónde y cómo te sientes respecto de la búsqueda de satisfacción en tu trabajo. ¿Estás preocupado por lograr cierto objetivo (conseguir un ascenso, tener una cierta cantidad de seguidores o ganar una cantidad específica de dinero)? Pídele a la diosa Kalaratri en tu chakra corona que primero te revele qué tipo de resultados despierta en ti el deseo insaciable de conseguirlos. Luego, escribe afirmaciones en las que declares que tu valor como persona no está ligado al logro de dichos resultados, y que tú eres digno, pase lo que pase, porque ante todo eres un alma. Esto te empoderará para que dejes de estar apegado a los resultados.

A continuación, considera qué tipo de acciones te permiten conseguir los resultados que deseas. No tiene nada de malo conseguir resultados, pero nunca debes ir tras ellos creyendo que tu felicidad presente depende de la consecución futura de dichos resultados. Si no eres feliz con lo que tienes ahora, jamás serás feliz con lo que tengas en el futuro.

Por último, practica trabajar desde la plenitud cambiando tu enfoque: en lugar de poner el foco en los resultados, ponlo en las acciones que puedes emprender para alcanzar tus objetivos. En el Bhagavad Gita, se dice que «solo tienes derecho a tus acciones, nunca al fruto de las acciones». Cuanto más comiences a encontrar la plenitud en las acciones mismas, mientras entrenas tu mente para que deje de estar obsesionada con el resultado de una acción, más paz y prosperidad alcanzas. La prosperidad es consecuencia de una mente serena y pacífica que puede idear un plan de acción adecuado y luego mantenerlo de forma constante.

PRÁCTICA: *Mantente plenamente presente en el momento, sin volver al pasado o ir hacia el futuro.*

Una parte clave de sanar espiritualmente es aprender a vivir en el momento presente, sin preocuparse por el pasado ni sufrir ansiedad por el futuro. Según la antigua sabiduría del Bhagavad Gita, las acciones perfectas deben generarte energía y no disiparla. Los tres factores que disipan la energía son: el apego, la esperanza y el frenesí.

Los apegos siempre están relacionados con el pasado. Cuando piensas demasiado en acontecimientos y personas de tu pasado, se disipa tu energía. La esperanza, aunque normalmente se asocie con connotaciones positivas, también tiene una cara opuesta, en el sentido de que se refiere al futuro y puede provocar ansiedad respecto de si ocurrirán determinados hechos. Por ejemplo, si realmente esperas casarte o conseguir un ascenso, no está mal tener tales aspiraciones, pero cuando hay demasiada esperanza, puede provocar ansiedad y llevar a que te obsesiones con estos acontecimientos futuros. El frenesí es emocionarse demasiado por el momento presente, hasta el punto de experimentar miedo a la pérdida (en el futuro) o generar deseos de obtener más de lo que sea que provoque tu emoción. El deseo es la principal causa de agitación y sufrimiento en la mente, y estar plenamente presente significa estar libre de deseos.

La principal característica de vivir plenamente en el presente es la acción. Cuanto más actúas, más energía obtienes. La principal forma de perder la energía es estando inactivo. La forma más elevada de actividad, en este sentido, es luchar, y ser un guerrero, que la diosa Kalaratri modela para nosotros en nuestro chakra corona.

PRÁCTICA: ***Haz algo a diario que esté alineado con tus valores fundamentales.***

La mejor manera de ganar energía y poder en tus acciones es conectándolas con un ideal superior que esté alineado con tus valores fundamentales. Un ideal superior es algo que va más allá de la pequeña esfera de ti mismo y de tu familia. Tu ideal puede extenderse a tu comunidad, a tu país e incluso a toda la humanidad. El ideal más elevado posible es el que se extiende no solo a los seres humanos, sino a todos los seres vivos.

La gratitud es la madre de todas las demás virtudes. En las antiguas escrituras espirituales de la India, se realiza la práctica de los cinco *yajñas*, que son formas diarias de expresar la gratitud. El aspecto cotidiano de esta práctica subraya la necesidad de ser constantes para obtener el máximo poder de lo que hacemos, como el agua que fluye en una dirección que genera un campo de fuerza.

Aunque muchos de nuestros antepasados cometieron errores, sigue siendo importante honrarlos en nuestros corazones, ya que nos dieron el don del nacimiento humano. Nacer como ser humano es la forma más elevada de nacimiento porque nos da la oportunidad de evolucionar y completar todo su ciclo y la muerte para liberar a tu alma. Si tienes antepasados vivos, reza por ellos. Dependiendo de tu situación, también puedes enviarles una tarjeta, visitarlos o ayudarles. Siento mucha gratitud hacia mis padres y me hace muy feliz haberme mantenido siempre en contacto con ellos, haberlos visitado y cuidado cuando no se encontraban bien.

Todos recibimos mucho de la madre tierra. Ella nos regala los frutos de la naturaleza, los alimentos, los árboles, el aire y el sol. Podemos retribuir a la madre naturaleza reciclando, plantando árboles, cuidando plantas, compostando, ayudando a los animales en riesgo de extinción y haciendo donaciones a organizaciones que promueven el bienestar del planeta.

La acción diaria de servir a la humanidad significa darse cuenta de si hay alguna manera de ayudar a *cualquier* persona que lo necesite de verdad y que no tenga otra forma de obtener lo que tú le puedes regalar (como una comida caliente para una persona sintecho).

Si tienes la suerte de haber encontrado un maestro espiritual, ofrecerle un servicio a esta alma sirve para expresar gratitud y ahondar en tu conocimiento.

Por último, cada vez que pienses en conectar con las diosas en tu interior, tómatelo como una forma de expresar gratitud por la presencia de seres divinos. Encender una vela cada mañana en honor a la divinidad y hacer cualquiera de las otras prácticas que evocan el poder de las diosas es una forma de retribuir a la divinidad, que te bendice con una conciencia despierta en tu chakra corona.

PRÁCTICA: *Escucha profundamente el conocimiento espiritual de cualquier tradición que te inspire.*

La antigua tradición espiritual védica, como muchas antiguas tradiciones de sabiduría, es oral. Está destinada a ser escuchada. Además de experimentar nuestros sentimientos (un componente necesario para lograr una profunda sanación emocional), necesitamos estar continuamente expuestos al conocimiento espiritual como alimento profundo para nuestra alma. Escuchar la sabiduría de los maestros es una forma excelente de empaparnos de conocimientos. Esto se debe a que el sonido es el sentido más sutil y omnipresente de todos.

Todas las tradiciones orales requieren una escucha profunda, para permitir que el conocimiento cale hondo en los recovecos de nuestra psiquis. Cuando te sientes agobiado por la negatividad ante los retos, escuchar la positividad de otra persona sirve para recibir inspiración y fuerza y también para poder afrontar lo que necesites afrontar. Todas las mañanas, escucho audios con las enseñanzas de Swami Parthasarathy, un alma despierta que enseña antiguos textos espirituales como el Bhagavad Gita, verso por verso. Una vez contó que, a sus noventa y tres años, él mismo escucha estas grabaciones de audio, simplemente para mantener su mente absorta en las verdades más elevadas.

No importa cuánto tiempo escuches mientras lo hagas a diario, ya que la clave de tu progreso espiritual es la regularidad. A veces escucho charlas espirituales durante más de una hora (si tengo tiempo), y otras veces le dedico apenas nueve minutos. Pero me propongo ser constante.

La capacidad de escuchar profundamente el conocimiento espiritual que despierta tu conciencia más elevada es un regalo de la diosa Kalaratri dentro de tu chakra corona.

PRÁCTICA: *Escribe verdades espirituales una y otra vez en un diario para reforzarlas.*

En la antigua tradición espiritual védica, hay un proceso de tres pasos para integrar lo que has aprendido y hacerlo propio. Cuando escuchas con profundidad a los maestros espirituales, participas en el primer paso de este proceso, que consiste en escuchar la sabiduría. Este paso se asemeja a ingerir alimento espiritual para que tu alma evolucione. Tienes que comer para cuidar tu cuerpo físico, así como tienes que escuchar la verdad para cuidar de la salud, el crecimiento y la evolución de tu alma. El siguiente paso en el proceso es contemplar lo que has escuchado. Es como el proceso de digestión de los alimentos que comes. Tienes que digerir las verdades que escuchas para poder aplicarlas a tu vida cotidiana.

Una de las mejores maneras de digerir una enseñanza en particular o un conjunto de enseñanzas con las que realmente conectas es escribirlas, continuamente. Esta práctica te ayuda a permanecer presente en el momento a través de la acción y refuerza la(s) verdad(es) para ti, lo que te ayuda a recordarla(s) en el momento adecuado, cuando necesites traerla(s) a la mente. También puedes escribir un mantra una y otra vez, una práctica espiritual llamada *likhita japa*, que es similar al japa mala, salvo que en lugar de usar cuentas usas la palabra escrita.

PRÁCTICA: *Escribe reflexiones sobre las fantasías que enfrentas en tu vida y por qué no son ciertas.*

La práctica de escribir y reflexionar sobre las diferentes fantasías a las que te has suscrito de modo inconsciente y expresar, para ti mismo, por qué no son ciertas es una forma extremadamente potente de evocar la fuerza destructora de fantasías de la diosa Kalaratri en tu chakra corona. Muchos programas modernos de transformación personal incorporan un diario como herramienta principal para facilitar la sanación y el crecimiento. Hay algo de razón en ello.

Las manos son un centro muy importante del karma (positivo o negativo) en las antiguas tradiciones de sabiduría. Cuando utilizas las manos para desenmascarar tus propias fantasías, evocas el poder de la diosa Kalaratri en tu interior. El tipo de fuerza y coraje que obtendrás al enfrentarte con las fantasías se magnificará exponencialmente. Las manos te dan el poder de manifestar tus visiones, intenciones y búsquedas para realizar tu Ser divino.

Una sugerencia interesante para el diario es escribir acerca de cuándo has amado de verdad a otros y cuándo has estado apegado a ellos. Esto permitirá que tú mismo puedas ver y sentir la diferencia. También puedes hacer el mismo ejercicio reflexionando sobre cuándo te has sentido verdaderamente amado por alguien y cuándo has estado solo del lado receptor del apego de alguien. El apego viene con hilos invisibles de egoísmo, o un deseo de manipular o controlar a otro, para sentirnos seguros. El amor florece cuando te identificas con otros y os convertís en uno.

Cuando se trata de este tipo de destrucción profunda de fantasías de larga duración, tienes el poder de impulsar de modo radical el curso de tu evolución espiritual personal, algo por lo que tienes que esforzarte y luchar por tu cuenta. Los sabios podrán orientarte, pero eres tú quien debe hacer el esfuerzo para lograr tu propio crecimiento personal. Nadie puede hacerlo por ti. Solo tú puedes salvarte a ti mismo. Como revela la sabiduría del Bhagavad Gita: «Debes elevarte por ti mismo». Debes enfrentar tus propias fantasías para encontrar tu Ser verdadero y divino, dedicarte a este Ser y contemplarlo a lo largo de tu vida. La práctica espiritual se basa en dedicarse a tiempo completo a ser consciente de lo que es eterno en tu vida. No es una práctica ritual a tiempo parcial.

Lo que haces para desarrollarte espiritualmente de esta manera también permanece contigo eternamente. El conocimiento es lo único que nunca te pueden quitar. Cuando vives según el conocimiento, experimentas el tremendo poder de la práctica para alinearte con la diosa Kalaratri, el poder trascendente de la divinidad dentro de ti.

CAPÍTULO 8

Abrazar los nuevos comienzos

Yo soy el Ser que reside en los corazones de todas las entidades vivientes; yo soy el principio, el medio y el fin de todos los seres...

...De las Nagas (serpientes)... Yo soy Ananta... y entre las bestias Yo soy el león... De las estaciones, Yo soy la estación florida (la primavera)... Yo soy la victoria, soy la fuerza de los fuertes, soy sattva (la pureza) de los sattvika (puros).

...También soy la semilla generadora de todas las existencias, Oh, Arjuna.

—**BHAGAVAD GITA, capítulo 10, versos 20-39**

Cultivar el rejuvenecimiento

Después de la intensidad de las batallas destructoras de fantasías para lograr límites fuertes y la trascendencia en los capítulos 6 y 7, en el capítulo 8 somos bendecidos con un hermoso y nuevo comienzo. Recibimos este inicio gracias al poder del conocimiento que hemos convertido en nuestra propia sabiduría interior.

Para mí, el día 8 es un día de nuevos comienzos, ¡y de mucha diversión! Así como hay similitudes entre los poderes de transformación y trascendencia de los días 3 y 7, encuentro similitudes entre el poder del amor del día 4 y el poder del rejuvenecimiento que cultivamos en el día 8.

Siempre espero con ansias el día 8 porque es un día en el que nos damos la oportunidad del puro gozo de los placeres de la vida. En esta etapa del viaje espiritual de Navratri, como ya nos hemos liberado de nuestros apegos al cuerpo en el capítulo 7, podemos crear una nueva realidad en la que disfrutar los placeres de la vida, porque ya no nos dominan ni los anhelos ni los deseos. El autocontrol que cultivamos en el capítulo 2 sirve como base para el puro gozo que experimentamos en el capítulo 8. Sin embargo, controlar la mente en esta etapa no necesariamente significa restringir la cantidad de nuestro disfrute.

En los Vedas, el sabio Durvasa come a su antojo y de forma constante, y, sin embargo, se le conoce como un hombre que hace un ayuno eterno. Se sabe que el señor Krishna pasó tiempo con muchas lecheras, pero también es legendario por ser un eterno *brahmachari* (célibe). Lo que concilia estas aparentes contradicciones es el valor que atribuimos a los placeres de los sentidos. La posesión y el goce no definen tu renuncia. La auténtica renuncia significa ser capaz de dar el valor correcto a todos los placeres que el mundo ofrece y considerarlos transitorios y efímeros, incluso mientras los disfrutas.

Durante la pandemia de COVID-19 de 2020-2021, me encontré aplicando este significado de la renuncia verdadera a las relaciones románticas en Nueva York. A pesar de que había estado viviendo mi práctica de Navratri durante casi una década, seguía descubriendo (y lo sigo haciendo) oportunidades para nuevos comienzos y, durante ese período extraño y sin precedentes, empecé a abordar el amor de forma diferente. Me puse a ahondar el vínculo con varios hombres que había conocido por Internet, tratándolos a todos por igual, mientras me centraba en mis propias necesidades emocionales, para poder discernir quién era capaz de amarme de verdad, como Radha ama a Krishna.

Cultivar el poder del rejuvenecimiento también significaba comprometerme una vez más con mi propia sanación. Una vez que me sentí instalada en mi nuevo hogar y en mi nuevo rol profesional, me abrí a recibir amor, sanación, aliento y orientación de todo tipo de sanadores.

Esto me ayudó a perfeccionar mi propio discernimiento respecto de las relaciones nuevas que estaba creando y me aseguró que no repitiera viejos patrones de comportamiento como parte de mi nuevo modo de abordar el amor.

Además, cultivar el poder del rejuvenecimiento me permitió centrarme en cómo habito mi cuerpo físico. Con la audacia que la diosa Kalaratri me ayudó a desarrollar, incorporé la comida, la moda y el entrenamiento físico, tres aspectos que había descuidado en el pasado, de un modo completamente nuevo. Me propuse sentirme a gusto en mi propia piel, sin querer que mi cuerpo fuera de una forma determinada.

Uno de los significados de mi nombre, Ananta, es «el rey de las serpientes naga». La cobra es un símbolo poderoso de mudar la piel vieja y generar una nueva piel gruesa. Mientras mi piel vieja se descamaba literalmente de mi rostro por las exfoliaciones químicas (que, a pesar de lo que sugiere su nombre, es un antiguo tratamiento egipcio de la piel totalmente natural), sentí que se producía un proceso de muda similar de mis antiguas creencias sobre que no era digna o querible. Renuncié a mi necesidad de ocultarme por temor y vergüenza. Acepté el hecho de estar frente a una cámara y me volví visible para el mundo en las redes sociales.

En este capítulo, conoceremos a la hermosa diosa Maha Gauri, una niña de ocho años que nos bendice con la inocencia y la juventud que florecen con la sabiduría. También aprenderemos a activar el poder del juego para rejuvenecernos en todos los niveles –cuerpo, mente e intelecto– y abrazar plenamente el momento presente.

Conociendo a MAHA GAURI

Después de exterminar a tantos demonios adoptando la forma terrorífica de Kalaratri, la diosa Durga termina con la piel azul marino, reducida a cenizas por el calor y la intensidad de sus batallas con los demonios. Acude al señor Brahma para pedirle que su piel se transforme y brille tras las batallas que libró y ganó.

Brahma da su consentimiento para que se bañe en Mansarovar, en los Himalayas. Su piel, marcada por las batallas, se desprende y aparece una piel nueva y fresca que resplandece. Por eso se la conoce como «Maha Gauri», la gran luminosa. No solo es la piel la que se renueva, sino que la diosa Durga es como una niña de ocho años. Se reúne de nuevo con el señor Shiva, cuyo tridente y tambor (que representa las vibraciones del sonido primordial) lleva en las manos. Al igual que en su primera encarnación como la diosa Shailputri, Durga como Maha Gauri monta un toro blanco.

La diosa Maha Gauri representa el poder del rejuvenecimiento, la pureza y la belleza interior con los que conectas al enfrentar las batallas de tu vida con determinación, fortaleza y claridad. El hecho de que monte un toro blanco y sostenga un tridente (como Shailputri, el avatar de Durga en el capítulo 1) demuestra que el octavo paso del viaje espiritual de Navratri es un nuevo comienzo. Somos bendecidos con nuevos comienzos a través del poder de nuestra perseverancia para lograr el desapego y las prácticas disciplinadas que nos permiten superar las fantasías, nuestros propios demonios internos.

Según la sabiduría sanadora milenaria del ayurveda, la piel se considera un espejo de la mente. La diosa Maha Gauri es un emblema de la verdadera belleza que emana cuando ahondas en ti mismo para resolver los retos de la vida y encuentras tu verdadero poder espiritual. Este confiere juventud duradera, vitalidad y un resplandor que verdaderamente brota de adentro.

Siempre notaba que se me estropeaba la piel cada vez que enfrentaba fantasías a las que me aferraba hacía mucho tiempo, así que fue una bendición conocer la antigua práctica egipcia de las exfoliaciones químicas, famosas porque la reina Cleopatra las utilizaba para su propia piel. Al someterme a una serie de estas exfoliaciones, siempre encontraba fuerzas en la historia de la diosa Maha Gauri, que transformó su propia adversidad desprendiéndose literalmente de la piel vieja y generando una piel más gruesa y brillante.

Hacer una evaluación

¿Cómo sabes que estás creciendo espiritualmente en esta etapa del viaje espiritual de Navratri? Lo sabes cuando sientes algo llamado *ascharya*.

REJUVENECIMIENTO Y EL OCTAVO CHAKRA

El poder del rejuvenecimiento está conectado con tu octavo chakra (conocido como «el chakra del corazón superior»). Se dice que está situado encima del chakra de la corona (en la parte superior de la cabeza). El tipo de rejuvenecimiento que experimentamos en el octavo chakra es especial, porque sigue a la iluminación que empieza a surgir en nosotros en el séptimo chakra (corona). Hay un renacimiento que mana de afrontar las verdades con las que nos pone en contacto el séptimo chakra.

Maha Gauri está representada de modo muy similar a como los católicos representan a la Virgen María, ya que está adornada con ropas y ornamentos blancos. Sin embargo, a diferencia de María, esta diosa está representada como una niña de ocho años. Sostiene un tridente (símbolo de nuevos comienzos) y un tambor. Ambos están relacionados con el señor Shiva. Su juventud, compasión, amor e inocencia simbolizan la vitalidad y el rejuvenecimiento que obtenemos cuando nos sometemos a intensas disciplinas espirituales concebidas para reunirnos con el señor Shiva (nuestra conciencia más elevada) dentro de nuestro propio ser.

Ascharya significa «asombro» en sánscrito. Se trata de una inocencia y curiosidad infantil ante el gran misterio, la maravilla y la majestuosidad de Dios, las diosas, o como quiera que elijas reconocer a la conciencia superior que nos conecta a todos.

Tu Ser superior está en armonía con Dios. Es omnipotente, omnipresente y omnisciente. Trascendente e infinito. No puedes percibir el ser con tus sentidos. Tu mente tampoco puede sentirlo a través de tus emociones. Tu intelecto no puede concebirlo. Lo que está más allá de tu cuerpo, mente e intelecto es una maravilla. Es *ascharya*.

¿Alguna vez...?

- ¿Has experimentado la maravilla de la naturaleza en todo su esplendor?
- ¿Has sido testigo de acontecimientos en tu vida que parecían milagros, que te llevaron más allá de tu existencia mundana y te dieron una muestra de algo verdaderamente sublime?
- ¿Te has dado cuenta de lo sincronizada que es la trama de tu propia vida cuando te entregas a la simple observación sin intentar controlarla?
- ¿Te ha ocurrido que acontecimientos que parecían catástrofes absolutas al final son una gran bendición en tu vida?
- ¿Has contemplado lo mágico que es que las hojas cambien de color, caigan de los árboles y luego vuelvan a brotar llegado el momento?

Todo esto es *ascharya*, un asombro divino. *Ascharya* es un concepto tan hermoso que se cita en el Bhagavad Gita, capítulo 2, verso 29 del capítulo 1, sección ii, verso 7 de los Upanishads (en Kathopanishad):

«Algunos consideran que el alma es asombrosa; otros la describen como asombrosa, y otros más oyen hablar de ella como algo asombroso, mientras que hay otros que, incluso después de oír hablar de ella, no logran comprenderla en absoluto».

A medida que avances en tu camino espiritual, experimentarás el asombro cada vez más. Cuanto más sepas, menos sentirás que sabes, y más asombrado estarás. Conforme evoluciones espiritualmente, ya no necesitarás milagros para ver a la divinidad siempre presente. La visión de un amanecer o una puesta de sol acabarán por asombrarte.

A medida que sigas creciendo, incluso una simple flor o fruto puede asombrarte, como le sucedió a William Wordsworth en su hermoso poema «Iba solitario como una nube»:

> ...Y entonces mi corazón se llena de deleite
> y danza con los narcisos.

Abrazar los nuevos comienzos

Suelta el pasado y piensa en quienes te han hecho daño como niños perdidos que no sabían lo que hacían

En el Bhagavad Gita, el señor Krishna utiliza mucho la palabra *balaha*. *Balaha* significa «niño» en sánscrito. Sabes que has evolucionado a un nivel superior en tu viaje espiritual cuando puedes ver a los *bullies*, depredadores e incluso a los *trolls* de las redes sociales en tu vida como *balaha*, o niños que no sabían lo que hacían, como Jesús dijo una vez: «Perdónalos, Padre, porque no saben lo que hacen».

Cuando mi ira se liberó a través de mi piel, me di cuenta de que todavía anhelaba el amor de todas las personas que me habían hecho daño en el pasado. En ese momento, advertí que las personas que me habían infligido daño lo hicieron porque no tenían la capacidad de amarme. Este cambio en mi forma de pensar permitió que dejara de anhelar o esperar que corrigieran su comportamiento. Pude ver de verdad al niño indefenso en todos aquellos que me habían hecho daño en el pasado, y eso me liberó para seguir avanzando con mi vida sin querer ningún tipo de explicación o disculpa por parte de ninguno de ellos.

Me di cuenta de que era mi responsabilidad amarme de modo más completo y profundo de lo que jamás me había amado en mi vida. Como una persona empática, estaba programada por mi naturaleza, los condicionamientos de la infancia y los condicionamientos sociales como mujer de anteponer siempre las necesidades de los demás a las mías. Deshacer estos patrones de comportamiento sería un reto, pero también algo imprescindible. Una vez que entendí estas verdades, empecé a valorar y honrar mis propias necesidades y sentimientos de una forma nueva.

Recibe el apoyo que has dado exclusivamente a otros en el pasado

Ser capaz de recibir es algo que no nos resulta fácil a muchos de nosotros, pero es necesario para mantener el ciclo de dar y recibir, aprender y enseñar, y fluir sin agotarse emocionalmente. Después de todo, ser altruista sin cuidarse a uno mismo es la receta perfecta para el agotamiento emocional.

Tras diez años de haber iniciado este viaje, mi discernimiento, que estaba mucho más desarrollado a estas alturas, me permitió ver con claridad quién podía ofrecerme amor y quién no. A raíz de ello, empecé a dedicar más tiempo a conectar con quienes podían preocuparse por mí. Cada vez que me resistía a la idea de gastar dinero en mí misma para hablar con sanadores de diversas modalidades, mi Ser superior se sobreponía a esa voz interior del ego que me saboteaba y lo hacía de todos modos. Cada dólar que gastaba en mí misma era energía que invertía en amarme y ocuparme de mis necesidades.

Fue de gran ayuda tener varias personas a las que recurrir en cualquier momento cuando necesitaba algo. Conectar con varios sanadores hizo que nunca dependiera demasiado de una sola persona. También fortaleció mi confianza en mí misma. Ahora sé que, si tengo un problema, también tengo la fuerza para superarlo pidiendo ayuda y examinando mi karma para que no se repita.

Presta atención a tu cuerpo para ver qué mensajes tiene para ti, y luego responde a cada uno de ellos con amor

El cuerpo siempre se comunica con nosotros y depende de nosotros escuchar con profundidad lo que quiere expresar. Me di cuenta, mientras se me seguía agrietando la piel a pesar de todos los tratamientos, de que tenía mensajes muy importantes que transmitirme.

Mi piel quería que dejara de ocultarme por miedo a ser rechazada, atacada, humillada o juzgada. Quería que dejara de decir cosas que no estuvieran alineadas con mi verdadero Ser en la búsqueda de la aprobación y aceptación de los demás. Quería que dejara de guardar secretos. Mi piel también quería hacerme entender que cualquier cosa que buscara en los demás (como amor, aceptación, protección y apoyo), la podía y debía cultivar primero dentro de mí. También quería que supiera que cualquiera puede abandonarme, pero que yo nunca me apartaría de mí misma ni me abandonaría. Solo entonces no tendría que seguir provocando grietas para recordarme continuamente estos mensajes.

Deshazte de las prendas y los objetos que te recuerdan experiencias dolorosas y piensa qué prendas, objetos y experiencias nuevas admites en tu corazón y en tu vida

Cada objeto que poseemos contiene energía. Cuando somos conscientes de este hecho, se vuelve imprescindible que actuemos en consecuencia, soltemos lo viejo y acojamos nuevos comienzos en nuestra vida. Revisé mis pertenencias y examiné todos y cada uno de los objetos para ver si contenían energía de mis relaciones y experiencias pasadas que ya no necesitaba.

Al pensar en las prendas, objetos y experiencias nuevas que acogería en mi vida, era importante para mí que cada cosa nueva que trajera a mi casa tuviera un profundo valor simbólico, que cada una me sirviera de alguna manera para recordarme a mí misma mi Ser verdadero. Al elegir ropa nueva, evité el color negro, pues dicen que evoca la cualidad de *tamas*, o inercia mental y oscuridad, según el ayurveda y la psicología del yoga. No tengo aversión a la oscuridad como tal (después de todo, es donde se descubren nuestros tesoros de sabiduría más profundos), pero elegí cultivar más *sattva* (claridad mental, pureza y paz) vistiendo colores pastel más suaves que me recuerdan al sol naciente (símbolo del alma en los Vedas). En el altar de mi escritorio, decidí colocar estatuas hermosas de la diosa Lakshmi, la diosa Saraswati y el señor Ganesha (el cabeza de elefante que elimina los obstáculos y también los pone en nuestro camino para recordarnos nuestra verdadera naturaleza). Incorporé aquellas mismas deidades que tanto me habían desconcertado en los templos hindúes, porque me recordaban las batallas que había librado –y ganado– para mantenerme fiel a mi Ser superior.

Fue muy sanador abrazar el poder espiritual rejuvenecedor de las flores. Compré un cuadro con flores de loto, porque no solo son un arma en manos de la diosa Maha Gauri (y muchas otras diosas de Navratri), sino que también simbolizan la eternidad, la pureza y el renacimiento. Al igual que un loto que crece en el barro, la belleza pura puede surgir de la suciedad de los obstáculos de nuestras vidas cuando cultivamos y hacemos crecer la semilla del conocimiento. También compré y cultivé un hibisco, una hermosa planta tropical, en el corazón de Nueva York. Todavía me sorprende que floreciera durante todos los años de la pandemia. Se dice que el hibisco es la flor preferida de la diosa Durga. Cultivé aloe vera, una hierba rejuvenecedora conocida como la mejor amiga de la mujer en el ayurveda. Beneficia todos los aspectos de la salud femenina, refresca el cuerpo y contribuye a liberar la acumulación tóxica que provoca el trauma.

Tras generar nuevas experiencias con las flores a través del sentido de la vista y el olfato, también creé una relación totalmente nueva con la comida. Aunque durante la última década nunca me he cansado de cocinar y alimentarme con las mismas recetas ayurvédicas, en la pandemia recibí una cantidad abrumadora de pedidos de versiones ayurvédicas más sanas de las comidas favoritas de la gente. Empecé a crear estas versiones de alimentos que gozan de mucho éxito, como las pizzas, las pastas, la comida tailandesa y el curri indio. Por mi parte, tras comenzar mi entrenamiento en artes marciales, noté que sentía mucha más hambre.

¡No tenía ni idea de lo mucho que iba a disfrutar el proceso culinario! Me encantó comprar una batidora (algo que nunca había tenido), aprender a utilizar un horno (algo que nunca había hecho) y comprar nuevos ingredientes para cocinar, como leche de coco fresca (no de lata). Los aromas de mi cocina eran mágicos. Como el sabio Durvasa, disfrutaba libremente de una gran variedad de alimentos, sin dejarme atrapar por el deseo de ninguno en particular. Aunque no había sufrido antojos de comida desde 2011, momento en el que decidí seguir una dieta ayurvédica, había pasado diez años siguiendo una dieta muy monótona. Por eso, esta etapa de mi viaje culinario fue una revelación. Cada día era un nuevo festín, y lo disfrutaba porque solo comía lo que discernía que era beneficioso para las necesidades particulares de mi cuerpo según el ayurveda.

Encontré una alegría tan grande e inesperada en los nuevos platos que creaba que empecé a compartirlos con el mundo y acepté exponerme en Internet. No surgió de un deseo de reconocimiento o aprobación, sino simplemente de la sensación de que era lo que debía hacer para compartir lo que había aprendido sobre la salud holística en un momento en el que el mundo lo necesitaba imperiosamente.

Además de compartir lo que había aprendido sobre cocina porque creía que era lo correcto, también empecé a elegir ropa que me hiciera sentir bien. Escogía prendas coloridas que favorecían mi cuerpo y reflejaban quién soy, en lugar de elegir ropa que me ayudaba a esconderme por vergüenza, como antes. En el ayurveda, la belleza es una expresión de pureza, equilibrio y armonía (la cualidad mental de *sattva*, una palabra cuya raíz es *sat*, que significa «verdad»). En los Vedas tenemos la expresión *Satyam Shivam Sundaram*. Quiere decir que la verdad es Dios, y también significa «belleza pura». No el tipo de belleza que proviene de un lugar de sentimientos competitivos, o de productos químicos artificiales y agresivos que dañan tu cuerpo, o que implica maquillaje excesivo, pestañas postizas, o extensiones de cabello con la intención de seducir a un hombre o una mujer para que sea tu amante. Se trata de la belleza que refleja claridad, que es natural, sana y, sobre todo, pura.

Empieza de cero en las relaciones románticas

En los Vedas, las deidades poseen un equilibrio de atributos masculinos y femeninos, ya que en última instancia, Dios y la conciencia trascienden el género. La propia diosa Durga es a la vez feroz (un atributo tradicionalmente masculino) y compasiva (una cualidad tradicionalmente femenina). En el proceso de entrar en las redes sociales para compartir la sabiduría que aprendí, atraje la atención de muchos hombres con intenciones románticas. Esta vez, gracias a una mayor fuerza y seguridad que sentía en el cuerpo por mi entrenamiento en artes marciales, y habiendo trascendido la vergüenza que sentía por mi cuerpo debido a condicionamientos de mi infancia, estaba más conectada con mi lado masculino. Al aceptar atributos masculinos y femeninos en mí misma, me sentí más integrada, equilibrada y cómoda con la energía masculina que se encontraba en cuerpos identificados como masculinos.

Me fijé la intención nueva de que, en lugar de repetir el papel de la diosa Radha, volviéndome devota de un tipo de hombre como el señor Krishna (rodeado de mujeres), encontraría el equilibrio en las relaciones siendo como Krishna. El señor Krishna toca la flauta, es pícaro y eternamente joven. Ama a todo el mundo, comparte su sabiduría como maestro espiritual y tiene muchas esposas. Pero en el corazón guarda un lugar especial para la diosa Radha, que le ama puramente, con devoción. Y aunque está rodeado de mujeres, el señor Krishna sigue siendo conocido como un eterno *brahmachari*, que sigue el protocolo de *brahmacharya* de la diosa Brahmacharini.

Esto se debe a que no está apegado a los placeres sensuales. Comprende plenamente su naturaleza efímera incluso mientras los disfruta, y también permanece lleno de alegría, belleza, ligereza y un carácter pícaro, incluso cuando aporta una sabiduría profunda al mundo. De este modo, encarna el poder del rejuvenecimiento. Me encanta que el nombre Ananta sea andrógino, y se use tanto para hombres como para mujeres. Reuniendo el par de opuestos inherente a los géneros masculino y femenino, inicié mi viaje de encarnar la esencia del señor Krishna para conectar con el poder del rejuvenecimiento de la diosa Maha Gauri en las relaciones románticas.

Una década después de haber empezado a aplicar la sabiduría holística del ayurveda, me siento mucho más sana y fuerte que nunca. Sé que sentirme así de joven no se debe solo a mi salud física, sino también a todo el bagaje espiritual del que me he liberado. La práctica espiritual es el rejuvenecimiento por excelencia. Por eso, no siento la presión de un reloj biológico que hace tictac apremiándome para que me case. En cambio, he podido centrarme en jugar y divertirme en las relaciones con varios hombres, siempre respetando mis propios límites, que yo misma he elegido y que reflejan el respeto por mí misma. Esto me ha permitido tener la seguridad para disfrutar y aprender de cada experiencia, sin centrarme exclusivamente en una persona como respuesta a todas mis plegarias, hasta que encuentre a alguien que se entregue tanto a mí como Radha a Krishna.

Este enfoque desapegado de las citas me ha aportado una nueva sensación de diversión y libertad en un área de mi vida que antes solo asociaba con dolor y vergüenza. También me brinda la oportunidad de practicar el discernimiento para saber a quién dedicar mi tiempo. Al darme a mí misma todo el amor, el cuidado, la diversión, la atención, la validación, la protección, la honestidad y el disfrute que antes buscaba inconscientemente en una pareja (y que para conseguir me comportaba de modo codependiente), me trato a mí misma como a una reina. Solo me rodeo de hombres (en el trabajo y en las relaciones sentimentales) que me honran y respetan, porque me reentrené para estar familiarizada con ello. Esto me impide recrear en las nuevas relaciones el rol que tuve en las dinámicas de relaciones antiguas.

Practicar soltar los deseos en el amor ha sido extremadamente empoderador. En el ayurveda, ser capaz de relajarse, entregarse y tener una base sólida de salud óptima (incluyendo un ciclo menstrual predecible) son las claves para la fertilidad natural y la concepción. Estar abierta al matrimonio y a tener hijos, si me vienen orgánicamente (aunque no estoy en absoluto desesperada por ninguno de estos), me ayuda a la práctica de estar completamente presente en cada momento como lo está un niño. Cuando necesito llorar, lloro. Pero, sobre todo, con el conocimiento de lo que es eterno frente a lo efímero, arraigado profundamente en mi interior, me encuentro alegre incluso en situaciones muy intensas que surgen cuando tengo citas, y así disfruto de todo lo que va y viene con una nueva sensación de asombro.

El camino a seguir: prácticas para el rejuvenecimiento

PRÁCTICA: *Practica la postura de la cobra con la intención de conectar con el espíritu de renacimiento que representa.*

En la tradición espiritual védica, la cobra es una deidad por derecho propio y se dice que tiene muchas vidas. Representa el poder y también la fertilidad, el renacimiento y la protección. Cuando la serpiente tiene hambre y no encuentra comida, se come su cola y luego le crece otra.

La fuerza de la serpiente proviene de ser, básicamente, un músculo largo. Fue tan empoderador aprender artes marciales como parte de mi proceso de despojarme de todo el bagaje emocional de mi época de estudio espiritual, y recuperar mi fuerza. En pocos meses, mis músculos se volvieron más fuertes que nunca, y esa fuerza me ayuda a encarnar el espíritu de la serpiente, cuyo nombre he recibido.

Cuando practicas la postura de la cobra, ayuda conectar con su espíritu de superviviente frente a todos los obstáculos. Para practicar la postura, túmbate sobre el abdomen con las manos debajo de los hombros. Levanta la cabeza, el cuello, los hombros y el pecho del suelo. Empújate hacia arriba desde la base de la columna vertebral. Cierra los ojos e imagina que eres tan fuerte y poderoso como una cobra de mil cabezas mientras te elevas, libre de cualquier carga emocional que te pese.

PRÁCTICA: *Haz algo divertido que libere a tu niño interior.*

La diosa Maha Gauri está representada como una niña. Cuando quieras despertar tu octavo chakra, sirve divertirse un poco después de la intensidad con que la diosa Kalaratri desmanteló tus fantasías en el séptimo chakra, y todo el proceso de purificación de los chakras anteriores. La diversión que tendrás en esta etapa del viaje espiritual será de un tipo diferente a lo que te haya resultado divertido antes. Será un tipo nuevo de diversión, realmente inocente e infantil.

¿Te gusta cantar en la ducha? ¿Dar largos paseos en coche por entornos naturales de gran belleza? ¿Ver *Saturday Night Live* u otro programa cómico? ¿Jugar a juegos de mesa o hacer deportes? Permítete divertirte para rejuvenecer tu espíritu y sentirte conectado con el espíritu de la joven diosa Maha Gauri que llevas dentro.

PRÁCTICA: *Aplícate gel de aloe vera en la piel para rejuvenecer tu cuerpo físico.*

El aloe vera es conocido en la sabiduría sanadora milenaria del ayurveda como «aquello que te mantiene eternamente joven», como la diosa

Maha Gauri. Esta hierba común pero increíblemente beneficiosa ayuda a tu piel, tu digestión y tu cabello, además de reducir la inflamación y las quemaduras externas o la sensación de ardor en la piel.

El viaje espiritual conlleva algo de calor e intensidad a medida que empiezas a romper el velo de tus fantasías (en el séptimo chakra). Esto se debe a que descubrir las fantasías de tu vida puede desencadenar el calor de la ira. Cuando reconocí todas las formas en que el trauma que sufrí de adulta reflejaba lo que viví en la infancia, la ira reprimida que sentí se manifestó en la forma de calor y erupciones cutáneas.

El aloe vera refrescante y relajante fue extremadamente beneficioso para controlar el calor de mi piel. Puedes usar aloe vera para tu piel si sufres de erupciones o la sientes caliente: basta con aplicar el gel directamente en los lugares irritados, solo o con miel y cúrcuma. Puedes tomar hasta dos cucharaditas de gel de aloe vera para aliviar el estreñimiento. También puedes aplicar este gel maravilloso en el cabello para evitar su caída (que puede ocurrir cuando tienes demasiado calor en el cuerpo). En caso de síntomas de fiebre, puedes beber 1/8 de taza de jugo fresco de aloe vera dos o tres veces hasta que baje la fiebre y recuperes el apetito. También es útil aplicar con suavidad un poco de gel de aloe vera en tus párpados si te duelen los ojos y necesitas rejuvenecerte por el uso excesivo de las pantallas.

PRÁCTICA: *Deshazte de la ropa vieja y sustitúyela por ropa nueva.*

El octavo día de Navratri, cuando se venera a la diosa Maha Gauri, es un día para nuevos comienzos en todos los ámbitos, incluso en lo que se refiere a la ropa. Los seguidores del Navratri suelen vestirse con ropa nueva en este día especial.

Mientras yo seguía sanando, rejuveneciendo y aclimatándome a mi nueva vida, cambié casi todas las prendas que poseía a paso lento pero firme. Me aseguré de elegir lo que me hacía sentir a gusto en mi propia piel. Fue tan terapéutico y liberador de maneras que van más allá de lo meramente exterior.

Cuando examines tu armario, evalúa cada prenda de ropa que posees por el valor sentimental que le atribuyes. ¿Una camisa te recuerda a alguien a quien tienes que dejar ir? ¿Hay alguna prenda con la que ya no conectas, que no te entra o que te hace sentir un poco fuera de lugar? Será muy liberador donarlas a alguien que realmente pueda beneficiarse de ellas y regalarte poco a poco ropa nueva que refleje la pureza de la diosa Maha Gauri dentro de ti.

PRÁCTICA: *Celebra una fiesta espontánea.*

Bailar es una forma de expresar el espíritu puro e infantil de la diosa en tu octavo chakra. En la India, todas las formas de danza clásica son representaciones artísticas de las historias mitológicas de este libro, y de mucho otro folclore espiritual antiguo. Había mujeres en la antigua India que de hecho se casaban con templos y dedicaban toda su vida a la danza como una profunda práctica espiritual de unión con la divinidad interior.

Cuando consigues una victoria en tu vida, ¡es importante celebrarlo! Hay tantas victorias pequeñas en nuestra vida cotidiana que jamás nadie más verá, pero que son importantes para nosotros. Puedes expresar la alegría de tus victorias privadas bailando al ritmo de tu música favorita, tú sola o con alguien querido, ya sea un amigo, un hijo o una mascota.

PRÁCTICA: *Haz algo nuevo que te aporte placer y bienestar.*

La diosa Maha Gauri representa los nuevos comienzos que ocurren con el despertar del conocimiento y la conciencia superiores. Puedes recordarla dentro de ti cada vez que hagas algo nuevo que te aporte una sensación de goce y bienestar.

A mí personalmente nunca me gustó mucho cocinar porque temía acabar siendo un ama de casa y una mamá que cocina todo el tiempo y cuya presencia siempre se da por sentada. Cuando me di cuenta de que iba a tener que cocinar para cumplir con los pedidos de recetas nuevas que me hacían estudiantes, clientes, editores, amigos y seguidores en las redes sociales, todo cambió para mí.

Al conectar con la intención de estar al servicio de muchas personas y familias para que pudieran tomar su salud en sus propias manos, empecé a sentirme empoderada y libre con aquello mismo que temía que me rendiría a una vida de escasa libertad. ¡Y me sorprendió gratamente lo mucho que empecé a encontrar placer, bienestar y diversión en todos los aspectos de esta nueva actividad! Desde investigar y reunir los ingredientes hasta aprender cosas nuevas sobre los alimentos, picar y crear mezclas personalizadas de especias de temporada, ir más allá de las recetas de hornalla, utilizar la batidora y el horno por primera vez e incluso meterme de lleno en la fotografía gastronómica, todo el proceso se convirtió en una nueva forma de diversión para mí.

Puedes ampliar tu placer y bienestar con la comida ayurvédica estacional visitando mi sitio web de recetas (theancientway.co/blog) si te sientes inspirado a hacerlo. Otras ideas para actividades nuevas que proporcionan placer y bienestar:

- Un nuevo estilo de ejercicio (por ejemplo, Tai Chi, Qigong, yoga, ciclismo, pilates, boxeo, artes marciales).
- Bailar (cualquier tipo de baile).
- Aprender a tocar un instrumento musical (como el piano, la guitarra o la flauta).
- Leer libros interesantes sobre personajes históricos inspiradores.
- Hacer un curso de salud holística (ofrecemos uno en mi organización, The Ancient Way).
- Viajar a un destino nuevo (incluso cerca de ti) donde puedas aprender de la sabiduría de los antiguos antepasados del lugar.

Como una de las tres formas de la diosa Saraswati (la diosa de las artes, la creatividad, la sabiduría y el aprendizaje más elevado), Maha Gauri te bendecirá en cualquier iniciativa nueva que decidas emprender.

Cuando contemples qué nueva actividad te gustaría empezar, pregúntate qué es lo que siempre has querido hacer pero has evitado. ¿Hay algo que te interese porque percibes los beneficios (puede ser un programa de ejercicios nuevo o aprender una nueva forma de arte), pero a lo que sientes cierta resistencia? A mí me sirvió explorar mi propia resistencia y transformarla mediante el poder de la intención, una práctica en la que ahondaremos en el próximo capítulo.

PRÁCTICA: *Aborda las experiencias aburridas con un espíritu lúdico.*

Cada día viene con oportunidades para nuevos comienzos cuando afrontas la vida con un espíritu de juego, aventura y crecimiento personal. En la antigua sabiduría védica, la alegría no es algo que provenga de fuera. Es algo que viene de lo más profundo de tu ser. Por lo tanto, tienes la oportunidad de hacer que incluso las experiencias más mundanas de la vida sean divertidas, ¡como lidiar con el tráfico o darse una ducha!

Puedes infundir un sentido lúdico a estas experiencias creando una nueva banda sonora de tu música favorita para escuchar cuando estés en medio del tráfico o compilando tus pódcasts cómicos preferidos para escuchar por el camino. Puedes aprovechar la ducha como un momento estimulante en el que purificas todo tu ser, de dentro hacia fuera. Intenta también impregnar tu ducha de bellos aromas florales y pétalos que contribuyan a energizar tu espacio.

En última instancia, cambiar la mirada que tienes de algo común es lo que te permite pasar de una sensación de monotonía a una de alegría interior que despierte en ti el poder de la diosa Maha Gauri.

PRÁCTICA: *Planta nuevas semillas (de hierbas, frutas, flores o árboles).*

La madre naturaleza abunda en bendiciones. Cada nueva semilla que plantes, ya sea una fruta, una flor o un árbol, lleva en sí el poder del rejuvenecimiento duradero, no solo para ti, sino para todos los que entran en contacto con ella. Cuando plantas algo con la intención de generar una cualidad específica en tu vida que armonice con el crecimiento de la planta, puede ser una experiencia verdaderamente hermosa y sanadora. Hay algunas plantas medicinales específicas en la naturaleza que pueden ser muy beneficiosas para tu sanación, a partir de la amplia sabiduría del ayurveda.

El cilantro es una de ellas. Es estupendo para tu corazón físico y emocional, y también estimula la digestión, al tiempo que libera calor de tu cuerpo. Después de cultivarlo, puedes añadirlo como guarnición a tus alimentos para favorecer la digestión. También puedes aplicarte una pasta de hojas de cilantro en la cabeza para el dolor de cabeza causado por el calor, mezclando agua con dichas hojas. Puedes hacer lo mismo y aplicártela en la piel para renovarla, eliminando el acné, las erupciones y la rosácea.

Otra buena idea es plantar una higuera. Los higos favorecen la fertilidad, la digestión y la belleza natural. Mucha gente los utiliza como laxante suave. También revitalizan el cuerpo cuando siente fatiga, agotamiento, agobio, baja energía y debilidad, y pueden reducir la sensación de ansiedad, agotamiento emocional y estrés. Igualmente, puedes comer dos higos al día para ayudarte a ganar peso si es necesario o simplemente para mejorar el cutis.

Las flores de jazmín son un símbolo extraordinario de la diosa Maha Gauri, a quien se la representa con el color blanco que suele tener esta flor. Cultivar flores de jazmín es beneficioso porque su aroma es muy agradable por la noche. Cuando tienes heridas, eczemas, picores, quemaduras o cualquier tipo de dolor, también puedes aplicar en esta zona una pasta hecha con ocho a diez flores de jazmín para aliviarte.

Más allá de los beneficios de todas estas frutas, flores y hierbas, la ventaja más grande que tiene la práctica de plantar semillas nuevas es el rejuvenecimiento y la sensación de un nuevo comienzo que percibes en tu octavo chakra cuando empiezas una actividad nueva, hermosa y positiva.

PRÁCTICA: ***Empieza de cero en tus relaciones.***

Es importante que trates de llevar la inocencia de la diosa Maha Gauri al ámbito de las relaciones, donde los malentendidos y contratiempos pueden ocurrir fácilmente a pesar de las mejores intenciones. Esto es válido para todas tus relaciones. ¿Hay alguien con quien hace tiempo que no hablas (puede ser un amigo o un familiar) y con quien te gustaría volver a conectar? ¿O has tenido una discusión con alguien cercano por un asunto trivial que no puedes olvidar? Muchos desacuerdos que tenemos con los demás pueden resolverse cuando alguien practica olvidar y cuando ambas partes están de acuerdo en volver a intentarlo.

Empezar de cero no borra los errores del pasado. Más bien, es una invitación a ver a las personas con las que te relacionas con ojos más benévolos, a perdonar y a demostrar la voluntad de empezar de nuevo, sin el bagaje del pasado. Empezar de cero significa ser capaz de abordar la misma relación desde un punto de vista nuevo, en el que puedas permitir que tu corazón y tu intuición (cultivados en capítulos anteriores) te guíen.

CAPÍTULO 9

Liderar con integridad

Sea cual fuere la acción que ejecute un líder,
aquello será lo que los hombres comunes hagan;
cualesquiera sean las pautas que un líder establezca,
el mundo entero las sigue.

—**BHAGAVAD GITA, capítulo 3, verso 21**

Habiendo abandonado todo apego a los frutos de la acción,
todo contenido, sin depender de nada, uno no ejecuta nada,
aunque esté dedicado a la acción.

—**BHAGAVAD GITA, capítulo 4, verso 20**

Cultivar la intencionalidad

Después de abrazar los nuevos comienzos y cerciorarnos de que nos sentimos rejuvenecidos satisfaciendo nuestras necesidades de forma independiente, el noveno y último paso de la práctica espiritual de Navratri, que consta de nueve partes, consiste en utilizar el poder de la intención para vivir con integridad.

En este punto del ciclo, hemos realizado un viaje que nos ha llevado a un momento en el que podemos guiar éticamente a otros para que descubran su propia plenitud y, con ello, su potencial. Gracias al poder de la intención, seguimos encarnando la integridad en los dos sentidos de la palabra: rectitud moral e integridad sin reservas.

Para mí tiene mucho sentido que el servicio desinteresado, guiar a otros y la retribución sean el noveno y último paso del viaje espiritual de Navratri. Para prepararnos para este momento, tenemos que fortalecernos con estabilidad y autocontrol con el fin de someternos al fuego de la transformación, cultivar el poder de amar a nuestro Ser verdadero, expresarnos con sonido y silencio, confiar en nuestra intuición, establecer y mantener límites sanos, trascender el honor y el deshonor (y el éxito y el fracaso), y gozar sanamente del placer en nuestra vida. Todo esto nos empodera para guiar a otros de una manera pura, que no infle ni desinfle nuestro ego. Esto es relevante para todos los tipos de liderazgo, ya se trate de una empresa, una causa o una familia, pero atañe particularmente a los líderes espirituales, los gurús y los sanadores para que puedan evitar todas las trampas que surgen cuando la gente intenta satisfacer deseos ocultos en nombre de la espiritualidad.

Cuando hablamos de cultivar el poder de la intencionalidad, establecemos intenciones sagradas que van más allá de nosotros mismos. En esta etapa avanzada del viaje, sentimos nuestra verdadera naturaleza como seres espirituales simplemente haciendo lo que debemos hacer, como instrumentos, sin deseos ni expectativas que puedan empañar nuestras acciones. En la tradición espiritual védica, creemos que todos los seres vivos, incluidos las plantas y los animales, son reflejos de un alma universal. Actuar al servicio de la mayor cantidad de seres posible es reconocer nuestra interconexión divina.

En este capítulo, conocerás a la diosa Siddhidhatri, la otorgadora de *siddhis* (dones divinos) y aprenderás a ofrecer tus dones al servicio del mayor número posible de seres. Escribir este libro y crear mi propia organización fue mi forma personal de expresar el poder de la diosa Siddhidhatri dentro de mí, fruto de una profunda humildad y gratitud, que proviene de saber que todo lo que se me ha dado viene de Dios. Así como un león es un gran símbolo de soberanía, mi misión en todo lo que hago es permanecer libre de la dependencia, y liberar también de la dependencia a aquellos a quienes sirvo. Para que todos podamos brillar con la luz del sol radiante.

Conociendo a SIDDHIDHATRI

Al principio, cuando el universo era un inmenso vacío dónde no había luz, ni especies, ni tiempo, ni naturaleza, ni creación de ningún tipo, apareció una luz brillante y celestial en todas partes. La luz estaba llena de un poder divino que iluminó absolutamente todo el vacío.

Al cabo de unos instantes, la luz se transformó en una gran diosa creadora llamada Siddhidhatri, que a su vez creó la sagrada trinidad de dioses conocidos como Brahma (el dios de la creación), Vishnu (el dios de la preservación) y Shiva (el dios de la destrucción). Siddhidhatri instruyó a cada uno de estos dioses sobre sus deberes específicos para con el mundo y les asignó responsabilidades que les permitirían cumplir con sus deberes. Los tres dioses obedecieron a la diosa y siguieron las prácticas espirituales requeridas.

Satisfecha con su dedicación, la diosa Siddhidhatri bendijo abundantemente a la trinidad de deidades con cuantiosos poderes divinos sobrenaturales. También dotó a cada uno de consortes femeninas que los apoyaran en sus respectivas funciones de creación, preservación y destrucción. La diosa Saraswati se convirtió en la esposa del señor Brahma, para apoyar toda la creación del universo. La diosa Lakshmi se convirtió en la esposa del señor Vishnu, para preservar toda la bondad del universo. La diosa Kali se convirtió en la esposa del señor Shiva, para desatar el poder de destrucción de lo que es malo en el universo.

Con la increíble intensidad de su poder, la diosa Siddhidhatri continuó creando más dioses, demonios, semidioses, galaxias, planetas, el sistema solar, la flora, la fauna, la tierra, los animales, las montañas, y todo lo que existe hoy en día. Todo tipo de dones y talentos que tenemos proceden de ella. Debemos utilizar nuestros dones sabiamente para completar nuestro culto a la diosa Siddhidhatri a fin de alcanzar la felicidad última y duradera, la paz, la sabiduría y la realización de nuestra naturaleza más elevada en la vida.

Me encanta que el viaje espiritual de las nueve noches de Navratri culmine en la novena diosa, Siddhidhatri, cuyo mensaje para nosotros es acerca de la importancia de poner a trabajar todos nuestros dones y bendiciones para beneficiar al mayor número posible de personas. Cuando somos capaces de superar nuestros demonios internos y luchar contra los demonios externos, fruto de mantener intacta nuestra paz interior, podemos retribuir a los otros y completar nuestro viaje espiritual. Muchas personas se preguntan si es egoísta replegarse e ir profundamente hacia dentro cuando recorren un camino espiritual. Pero la presencia de Siddhidhatri al final del camino señala que solo podemos dar nuestros mejores dones al servicio de los demás cuando lo hacemos como fruto de la integración y un sentimiento de abundancia y plenitud que proviene de recorrer un camino espiritual para conocer nuestro verdadero Ser. Solo al desvelar nuestro Ser verdadero podemos inspirar a otros a hacer lo mismo.

Solo al desvelar nuestro Ser verdadero podemos inspirar a otros a hacer lo mismo.

La diosa Siddhidhatri nos bendice con un sentido de responsabilidad por los dones y talentos divinos con los que nos han dotado. Todas las capacidades que tenemos proceden de una fuente divina. No estamos destinados a acumularlas, sino a compartirlas con todos los que podamos. Al hacerlo, seremos bendecidos con una felicidad que va más allá de la satisfacción pasajera que sentimos cuando se cumplen nuestros deseos. El tipo de felicidad con que la diosa Siddhidhatri nos bendice es una alegría espiritual que va más allá de la tristeza. Esta alegría es tu verdadera naturaleza. Es el don y la bendición de conocer tu Ser verdadero.

Realizar una evaluación

Así como el fuego de la transformación del capítulo 3 requería saber si tu comportamiento está motivado por el poder del ego o por el poder del alma, es necesario determinar lo mismo para liderar con integridad.

LA INTENCIÓN Y EL NOVENO CHAKRA

El poder de la intención está conectado con el noveno y último chakra (también conocido como «chakra astral», un sutil equivalente espiritual de tu cuerpo físico). Está situado ligeramente por encima de la corona de tu cabeza. Cultivar el poder de la intención es lo que puedes hacer para reactivar tu viaje espiritual. A lo largo del camino, reevaluarás ese viaje y volverás a comprometerte con él, para mantenerte motivado respecto de lo que más te importa.

Siddhidhatri está representada con poderes de sanación sobrenaturales. Posee cuatro brazos y está rodeada de yoguis, santos, dioses y devotos a los que bendice con poderes divinos para que utilicen con propósitos nobles. Estos poderes divinos se otorgan bajo la premisa de que tenemos la responsabilidad de poner nuestros dones al servicio de nuestras metas de vida más elevadas y al servicio de todos los seres. El viaje espiritual de Navratri consiste en prepararse para compartir con los demás como fruto de habernos sometido a una transformación personal. Así se garantiza que lo que les damos a los demás proviene del lugar más profundo en nuestro interior, lo que nos bendice a nosotros al igual que a todos los que reciben lo que tenemos para ofrecer. Todo el mundo tiene un don, y Siddhidhatri ayuda a clarificar y asegurar su expresión sincera.

Determinar si te identificas más con el poder de tu alma o con el poder de tu ego en cada una de las categorías siguientes puede ayudarte a identificar en qué áreas puede que quieras establecer intenciones específicas para ser el mejor líder, padre o profesor posible.

	SIEMPRE	CON FRECUENCIA	A VECES	CON POCA FRECUENCIA	NUNCA
¿Encuentro que mi trabajo y mis relaciones son relativamente fáciles, incluso cuando surgen obstáculos, debido a que me siento conectado con un poder superior?	1	2	3	4	5
¿Me cierro para descubrir lo divino como mi progenitor?	1	2	3	4	5
¿Soy realista respecto a mis errores y defectos?	1	2	3	4	5
¿Me niego a poner en riesgo mi libertad interior y mis valores por gozar de abundancia exterior?	1	2	3	4	5
¿Trabajo a partir de un sentido de abundancia que existe?	1	2	3	4	5
¿Llevo mi vida y realizo mi trabajo de una manera original, con un sentimiento de alegría y entusiasmo?	1	2	3	4	5
¿Hago pausas según sea necesario para despertar mi inspiración?	1	2	3	4	5
¿Puedo ser asertivo de un modo amable y auténtico?	1	2	3	4	5
¿Soy capaz de decir la verdad sin temor y de expresarme con autenticidad?	1	2	3	4	5
¿Respeto los límites de otras personas?	1	2	3	4	5

¿Inspiro gratitud y amor con mi presencia?	*1*	*2*	*3*	*4*	*5*
¿Irradio discretamente un sentimiento de amor y unidad, especialmente hacia quienes me respetan de algún modo?	*1*	*2*	*3*	*4*	*5*
¿Reconozco el mérito de otros cuando corresponde?	*1*	*2*	*3*	*4*	*5*
¿Comparto mis conocimientos, dinero y dones con otros según corresponda y cuando es apropiado?	*1*	*2*	*3*	*4*	*5*

Si has obtenido entre 14 y 30 puntos, eres un modelo a seguir, un líder y un guía al que los demás pueden admirar y del que pueden depender.

Si has obtenido entre 31 y 50 puntos, te beneficiarás estableciendo intenciones para reforzar tu integridad y, por tanto, tu liderazgo.

Si has obtenido entre 51 y 70 puntos, ha llegado el momento de abrazar la confianza que tendrás si desarrollas una mayor integridad y alineamiento respecto a tus valores, palabras y acciones.

Liderar con integridad

Establece una intención de acción basada en un ideal, para el bienestar del mayor número posible de seres

Tener un ideal que motive tus acciones te empodera para tomar decisiones desinteresadas de modo constante y alcanzar mayores cotas en tu trabajo. Cuanto más amplio sea el círculo de tu ideal (para beneficiar no solo a tu familia, sino tu comunidad, el país, la humanidad o, idealmente, todos los seres vivos), más potente será.

Compara esto con dejarte llevar por deseos desinteresados. Las acciones altruistas tienen deseos benevolentes subyacentes como «Quiero que cien mil personas se beneficien de mi trabajo». En este caso, tienes un deseo noble. Pero si el deseo en sí está conectado al ego, y si solo alcanzas a cincuenta mil personas, por ejemplo, quizá sientas emociones negativas como la ira, la tristeza, la decepción y la falta de autoestima. Entonces puede que dejes de realizar las acciones que estabas cumpliendo y, como consecuencia, cesarás de beneficiar a los demás. Tu trabajo se convierte en una cuestión que tiene que ver contigo y tu pequeño ego.

La diferencia entre un sabio y una persona común radica en su reacción a los resultados de sus acciones. Un sabio actuará incesantemente y sin descanso, realizando las mismas acciones que una persona común, pero sin apego a lo que resulte de ellas. Un sabio no necesita tener un impacto en un cierto número de personas para sentirse satisfecho o digno, aunque tenga el ideal de servir al mayor número posible de seres. Podemos aprender de ello manteniendo un compromiso incondicional con un ideal atemporal (frente a incentivos limitados en el tiempo), de modo que permanezcamos en el momento presente (donde reside nuestro mayor poder) y no acudamos al pasado o al futuro. También te da el poder de la constancia, un requisito para alcanzar el éxito. Así como el agua que se mueve en una sola dirección gana fuerza, tus acciones se vuelven más potentes cuando se dirigen de modo constante hacia un ideal elevado.

Evalúa con honestidad tus dones y tendencias personales

En la tradición espiritual védica, hay cuatro tendencias principales en las que caen las personas, según sus inclinaciones naturales. Cada una se conecta con una de las cuatro metas de la vida. Aquellos que buscan conocer el Ser espiritual son espiritualistas; están más interesados en alcanzar la meta de la liberación espiritual. Quienes buscan proteger los valores más elevados son guerreros espirituales, más interesados en alcanzar la meta de vida del propósito (vivir según valores nobles). Quienes buscan la riqueza se inclinan más por la meta de la vida de la abundancia. Y los que buscan el gozo son los que se inclinan más por la meta de la vida del placer.

Mi tendencia principal es la de un espiritualista. También me interesa proteger los valores más elevados como guerrera espiritual. Siempre he escrito, primero, en diarios personales, luego en blogs, para publicaciones, libros, etc. Hablar en público y enseñar son actividades que siempre he realizado, y me encantaba aprender cómo ayudar a las personas a sanarse a sí mismas poniendo en práctica las habilidades de resolución de problemas con el fin de crear conjuntamente planes integrales de bienestar para quienes lo buscan. También me encanta practicar y compartir el yoga y las prácticas espirituales.

Utiliza tu intelecto para desarrollar un plan en el que puedas emplear tus dones al servicio de otros

Tu intelecto es lo que te permite pensar, elaborar estrategias y planificar. Es activo, a diferencia de la mente, que sigue pasivamente los pasos de sus predecesores y ancestros sin cuestionar sus comportamientos. Swami Parthasarathy describe a los que aplican su intelecto como «agresivos», frente a los que no lo hacen como «pasivos». También distingue entre los que son agresivos o pasivamente buenos, o agresivos o pasivamente malos. Los que son pasivamente buenos o malos hacen lo que hicieron quienes vinieron antes, para bien o para mal. Los que son agresivamente malos maquinan sin piedad maneras de manipular a la gente.

La diosa Siddhidhatri, amada por todos los sabios, dioses y yoguis, nos da el poder de la intención, para que podamos desarrollar lo que Swami Parthasarathy llama «bondad agresiva». El señor Krishna es una encarnación perfecta de la bondad agresiva. Aplicó su intelecto para prever consecuencias, planificar con tiempo y guiar eficazmente a Arjuna, el guerrero espiritual, para que derrotara el comportamiento impío de sus primos agresivamente malos en el lado opuesto del campo de batalla, en el Bhagavad Gita. La mayoría de las veces la bondad agresiva no significa acercarse directamente a alguien y decirle que es corrupto.

Mientras escribía este libro y ponía en práctica mis aptitudes emprendedoras para crear una plataforma segura en la que pudiera enseñar de modo auténtico la sabiduría espiritual védica y otras formas ancestrales alineadas con ella, integré en ambos proyectos el valor del conocimiento aplicado por encima de la teoría por sí sola. Como dijo sabiamente E. F. Schumacher una vez: «Una onza de práctica suele valer más que una tonelada de teoría». Incorporé este enfoque de enseñanza a todos los aspectos de mi organización, tal como la planificación para certificar solo a profesionales ayurvédicos del bienestar que realmente viven las enseñanzas. Esto asegura una coherencia entre lo que dicen los líderes a los que entreno y lo que ellos mismos hacen. Creo sinceramente que aquellos que nos siguen (incluidos los hijos si somos padres) solo practican lo que nosotros *hacemos*, no lo que decimos.

Trabaja siendo consciente de que eres un instrumento, haciendo lo que tú disciernes que debes hacer

El servicio que ofreces, sin importar el tipo, ya sea como padre, profesor, líder de una organización o capitán de un equipo deportivo, significa ayudar a otros que buscan ayuda. También significa ser un ejemplo de valor para que otros se vuelvan cada vez más autosuficientes. En este sentido, el servicio es un acto de piedad, y la intención de servir es algo que surge dentro de quienes vivimos el despliegue de nuestro Ser verdadero (la divinidad).

Ser consciente de que eres un instrumento significa ser instrumento para que el divino fluya a través de ti. Implica un reconocimiento profundo de que todos los talentos que poseemos son dones del divino y, por lo tanto, comportarnos sin vanidad o sin creer que somos los únicos responsables de nuestros logros. Ser consciente de ser instrumento reconoce la presencia de todos los seres visibles e invisibles que han contribuido a cualquier habilidad positiva o bendición en nuestra vida. También significa actuar de un modo en el que seamos fieles a nosotros mismos y a nuestras intenciones.

Cuando actúo siendo consciente de que soy un instrumento en mi trabajo al ejercer de líder de una organización, tengo la sensación de que no estoy «haciendo» nada en absoluto. No enseño de forma diferente, tanto si estoy dando clase a cien personas o a una sola. Para mí todo es lo mismo, porque lo más importante es simplemente fluir al servicio de mis intenciones más elevadas.

Actuar siendo consciente de que soy un instrumento, me permite discernir las valoraciones que recibo de los alumnos y de los demás, y determinar qué valoraciones surgen de la intención de mejorar la capacidad de practicar las enseñanzas o simplemente de un deseo de consumir información por la información misma (un deseo que impide el progreso espiritual). El profesor tiene la responsabilidad de responder a las preguntas de los alumnos, y yo siempre lo hago, aunque eso signifique repetirme a mí misma respondiendo a las mismas preguntas una y otra vez. Lo hago con paciencia porque entiendo que el refuerzo y la repetición son necesarios para el proceso de aprendizaje. Siento una gran alegría y satisfacción haciendo simplemente lo que debo hacer, sin sentir apego a ningún resultado en particular.

Pienso en mi organización como un jardín sanador que todos podemos visitar libremente para recordar nuestro poder espiritual. A veces, como maestra jardinera, tengo que eliminar las «malas hierbas» de la ignorancia de los alumnos, que provocan que se hagan daño. Otras veces, simplemente debo regar las flores, por así decirlo, y asegurarme de que reciben suficiente luz del sol. Entonces, cuando llega el momento divino que dispone la diosa Siddhidhatri, suelo gozar del puro placer de ver florecer a mis alumnos con una salud radiante y un empoderamiento espiritual. Enfocar mi liderazgo organizativo como si fuera el cuidado de un jardín me ayuda a discernir constantemente lo que yo también debo hacer para mantener mi propio cuerpo y mente puros y fluidos, y seguir actuando de modo incondicional y fluyendo como un río, sin estrés, preocupaciones, miedos o quejas.

Adopta un espíritu de humildad, autenticidad y transparencia en tu liderazgo

Según la tradición védica, la humildad es el sello de quien posee un gran conocimiento. Cuanto más conocimiento posees, más te das cuenta de lo mucho que no sabes, y más humilde te vuelves. La humildad también significa reconocer que todos tenemos un papel que desempeñar en el gran esquema de nuestro trabajo y de nuestra vida. Todo el mundo tiene talentos diferentes, y el hecho de que una persona sea «líder» no significa que sea superior a cualquier otro miembro del equipo.

La autenticidad y la transparencia nos empoderan para servir de un modo que inspira a quienes dirigimos a conocernos y confiar en nosotros. Esto crea relaciones más sólidas que pueden dar lugar al tipo de cooperación y trabajo en equipo que se requiere para lograr cualquier cosa significativa en la vida.

Me he propuesto que mi propia organización sea un lugar seguro para que la gente sea tan vulnerable como lo necesite para alcanzar su propio crecimiento. Sé que mi papel es tener el valor de compartir con honestidad y apertura y ayudar a otros a sentirse lo suficientemente seguros para hacer lo mismo en el grupo y entre ellos cuando los pongo formando pareja como amigos de la comunidad. Reconozco que mi deber sagrado como maestra es predicar con el ejemplo; demostrar, ante todo, lo que significa amar a mi Ser verdadero. Tengo claro que quiero retribuir con la intención de agradecer todas las bendiciones que he recibido en mi vida, porque compartir estas bendiciones es lo que debo hacer.

Lidera de un modo que te mantenga libre de la dependencia y también libere a los que diriges

La soberanía (especialmente la soberanía emocional) es el objetivo último del nacimiento humano. Es el valor más alto al que cualquier ser humano puede aspirar a alcanzar. Es lo que hace posible la autorrealización (la realización de tus talentos) en el ámbito del mundo, y lo que hace posible la realización del Ser (saber quién eres en lo más profundo, en cada situación) en el ámbito espiritual.

Habiendo estado completamente sola un año y medio completo durante la pandemia de COVID-19, sin ver a ningún miembro de mi familia y solo encontrándome en persona con amigos un puñado de veces, sortear las idas y venidas de tres intensas relaciones románticas durante este período fue una experiencia increíblemente empoderadora para mí. Dado que el abandono es una de mis principales heridas infantiles, esta experiencia me demostró que realmente soy emocionalmente independiente y amo a mi propio ser con la fuerza suficiente como para soportar que las personas que alguna vez fueron cercanas a mí dejen de formar parte de mi vida. Durante el extenso período que pasé sola, descubrí que estoy satisfecha conmigo misma, y que no dependo de nada más que de conocer mi Ser verdadero para sentir amor y gozo.

Como líder, practico lo que debo hacer físicamente, preparando el material para las clases y presentándome cada semana para enseñar, respondiendo a preguntas y compartiendo información complementaria. Desde el punto de vista emocional, amo de verdad a mis alumnos, como amo a todos los que me rodean (incluso a los que me han hecho daño). Desde el punto de vista intelectual, mi intención es tener siempre una actitud benévola con mis alumnos, lo que significa que me aseguro de que todo lo que les doy lo ofrezco a la divinidad que llevan dentro y fomenta su autosuficiencia y que no dependan de mí.

Noto cómo mi propia práctica espiritual personal se ha convertido en la base para compartir lo que he tenido la bendición de aprender y experimentar con otros. Y al establecer mi intención al servicio de la salud y el empoderamiento espiritual para todos, vuelvo al poder de la práctica (el tema del capítulo 1 y del primer chakra) para concretar y conectar mi intención desinteresada con la realidad viva. De este modo, la práctica espiritual del Navratri es un viaje infinito y cíclico, en el que un paso nos lleva a posibles pasos infinitos, que nos llevan de vuelta a casa, a nuestro Ser verdadero.

El camino a seguir: prácticas para desarrollar la intencionalidad

PRÁCTICA: *Define una intención para vivir según valores nobles.*

Una de las cuatro metas de la vida humana es vivir según valores nobles, que es una de las tantas definiciones de la palabra *dharma*. Según uno de los antiguos sabios védicos, el dharma comprende diez valores nobles específicos: la veracidad, la paciencia, el perdón, la fortaleza mental, el no robar, la pureza, el autocontrol, la sabiduría, la búsqueda del conocimiento y el no reaccionar con ira.

Cuando defines la intención de practicar un valor noble que resuena en lo profundo de tu ser, cuentas con un ancla para tu viaje espiritual, para cultivar el poder de la diosa Siddhidhatri en tu vida. Cultivar cualquiera de estos valores es también un viaje espiritual completo en sí mismo, que puede ayudarte a progresar enormemente concentrando tu atención en un valor que te lleva automáticamente a cultivar otros valores nobles que están relacionados.

Por ejemplo, si deseas practicar el autocontrol, entonces automáticamente ejercerás mayor paciencia, practicarás el perdón y no reaccionarás con ira.

PRÁCTICA: *Crea una declaración de visión personal para incorporar una virtud nueva en tu vida.*

Reflexionar sobre una forma específica en la que te imaginas incorporando una virtud nueva a tu vida diaria como un modo de crear un espacio contenedor seguro para empezar a ejecutarla es una práctica muy poderosa. Por ejemplo, si deseas ser más valiente, antes es clave definir cómo se ve y cómo se siente serlo. ¿Cómo serás cuando tengas coraje? ¿Cómo se sentirá tu cuerpo? ¿Qué podrás hacer una vez que tengas el coraje suficiente que ahora no puedes tener?

Escribe una visión de lo que supondría para ti manifestar que quieres más coraje en tu vida. ¿Hay situaciones específicas que te causen temor en este momento? ¿Puedes imaginar las circunstancias particulares que hacen que sea más difícil que tengas coraje en este momento? Escribe los primeros pasos de lo que sentirás al empezar a practicar el coraje en esas situaciones difíciles.

Por ejemplo, después de la transición a un nuevo rol en THE WELL, evalué durante casi todo un año la decisión de participar activamente o permanecer en silencio durante las reuniones de grupo. Pero al final me di cuenta de que progresar en términos de expresarme cuando tenía algo que compartir significaba fijar un objetivo mínimo de contribuir al menos una vez por reunión. Una vez establecido este criterio mínimo, me sentí mucho más entusiasmada y participé más en las reuniones; pude ofrecer sugerencias y orientación sobre diferentes iniciativas. Tras un par de encuentros, empecé a sentirme más cómoda hablando y expresándome en mi rol. La confianza que adquirí al hacerlo me animó después a empezar a defender mi postura en otras situaciones.

Cada paso que das para manifestar tu virtud te ayuda a encarnarla de forma cada vez más natural, de modo que se convierte en una parte esencial de quién eres y de tu carácter general. Puedes pedirle a la diosa Siddhidhatri en tu interior que te guíe para crear una declaración de visión lo más clara posible y que te ayude a manifestar nuevas virtudes en tu vida.

PRÁCTICA: ***Crea un mantra personal para poner en marcha el poder de una práctica de bienestar.***

El poder de la intención comienza con tu «por qué» personal para poner en marcha una práctica de bienestar. Crear tu propio mantra personalizado para la práctica es una forma hermosa de conectar con tu intención de forma regular. Entre los ejemplos de mantras personales en los que puedes inspirarte para crear el propio, están los siguientes:

- Mi cuerpo es mi templo.
- «El servicio es el alquiler que pagamos por el privilegio de vivir en la Tierra», de Shirley Chisholm.
- «La vida se encoge o se expande en proporción a tu coraje», de Anaïs Nin.

Mi mantra personal para participar y asumir plenamente mi rol es «hacer lo que debo hacer». En sánscrito, la famosa palabra *karma* tiene más significados que «todo lo que va, vuelve». También significa «acción». Hay tres tipos de acciones que podemos realizar:

1. Acciones egoístas, llenas de deseos de beneficiarnos solo a nosotros mismos.
2. Acciones no egoístas, llenas de deseos de beneficiar a los demás. Ambas acciones generan más karma (en el sentido de consecuencias que reflejan nuestras acciones). El karma que vuelve puede ser positivo o negativo. Avanzar en tu viaje espiritual de una forma evolutiva que no te haga crear más karma requiere realizar un tercer tipo de acción, que se define como «acción pura».
3. Acciones desinteresadas o puras, sin ningún tipo de deseo, simplemente haciendo lo que debes hacer.

Por ejemplo, si eres profesor, debes enseñar. Si eres cantante, debes cantar. Si eres pintor, debes pintar. Cuanto más puras sean nuestras acciones, más nos motiva nuestro «por qué», más libres nos sentimos y más evolucionamos espiritualmente. Esta es la forma en que la diosa Siddhidhatri puede conducirnos a la meta última de la vida humana, que es la liberación espiritual.

PRÁCTICA: ***Crea una intención de alcanzar la prosperidad que también implique la retribución.***

Lograr prosperidad es otra de las cuatro metas de la vida humana en las antiguas tradiciones de sabiduría. Solo se vuelve sostenible retribuir a partir de una base de estabilidad material en nuestra vida. Y las antiguas tradiciones de sabiduría revelan que cuanto más das, más recibes, como un canal de abundancia.

Donar a buenas causas que elevan a otros seres es una hermosa manera de conectar con la naturaleza abundante de la diosa Siddhidhatri que llevas dentro de ti. Establece la intención de contribuir con una parte de lo que ganas para que incorpores un espíritu de servicio más desinteresado a tu trabajo. Cuanto más desinteresada sea tu intención de lograr prosperidad, más te ayudará tu trabajo a que alcances la liberación espiritual (la misión última de la vida y el viaje espiritual de Navratri).

Esto se debe a que el trabajo es un área de nuestras vidas en la que, de lo contrario, podemos perdernos en deseos de conseguir más: más fama, reconocimiento, estatus, poder, etc. Tener claridad acerca de tu intención de que el trabajo sea un recipiente puro para elevar a tantas personas como sea posible a través de la prosperidad que alcances te empodera para trabajar por lograr un ideal de servicio más elevado que te ayude a evitar caer en trampas atestadas de deseos. También contribuye a transformar tu trabajo en una práctica espiritual en la que puedes centrarte en las tres claves del éxito de todas tus acciones: la concentración (estar plenamente presente en el momento), la constancia y la cooperación (cultivar un espíritu de equipo). De este modo, se pone en práctica todo el poder de la diosa Siddhidhatri en tu noveno chakra.

PRÁCTICA: *Crea una estrategia para vivir el placer sin perderte en él o volverte adicto.*

Vivir el placer es otra de las cuatro metas de la vida humana en la antigua tradición espiritual védica. El placer en sí no tiene nada de malo. Es simplemente cuando quieres más y más que se convierte en una trampa de deseo sin fin.

Una de las señales de que estás progresando en tu camino espiritual es la cantidad de tiempo y la intensidad de tus reacciones emocionales ante situaciones que te perturban. Otra señal de crecimiento espiritual es la de no desear más placer cuando se te presenta.

Se trata de algo que puedes cultivar creándote una estrategia personal acerca de cómo acoger los placeres de la vida dentro de límites saludables. Los mejores límites son los que uno mismo se pone, basado en una convicción personal del «por qué» detrás de los límites personales. Este proceso de crear límites bien definidos en torno a tu disfrute, con el apoyo de la diosa Siddhidhatri, es una forma de asumir la responsabilidad de tu goce. De esta manera, te aseguras poder disfrutar de tu pastel de chocolate y no que tu pastel de chocolate te disfrute a ti (¡como ocurre en los casos de adicción!).

Así que si, por ejemplo, te encanta el pastel de chocolate, ¿podrías encontrar una manera de disfrutarlo pero sin sufrir como consecuencia de consumirlo? Tal vez eso signifique limitarse a darse un gusto una vez al mes. O si realmente te cuesta dejar de consumirlo, ¿puedes encontrar la forma de reducir su consumo diario o semanal a una cantidad que no te perjudique? Cuanto más practiques deshacerte de tu deseo de comer pastel de chocolate, más podrás disfrutarlo cuando lo hagas con moderación.

PRÁCTICA: *Escribe una intención para fomentar tu crecimiento espiritual.*

Tu viaje espiritual es un trayecto que eliges tú por tu propia cuenta. Nacimos solos y moriremos solos. Entre nuestro nacimiento y nuestra muerte, tenemos una ventana de tiempo relativamente breve para crecer y evolucionar espiritualmente. El progreso que hagas en el camino espiritual depende por completo de ti. Escribir tu intención la resalta y la vuelve mucho más concreta.

Cada año, en una antigua celebración especial del gurú (que en realidad significa «el que quita la oscuridad»), en un día de luna llena de julio, escribo una intención para fomentar mi crecimiento espiritual. Suelo colocarla en algún lugar donde pueda verla a menudo, para recordarme a mí misma la intención y para orientar a mi ego a través de las dolorosas experiencias emocionales que son parte de ser humanos. Durante todo un año, en 2016, el objetivo de mi viaje fue superar la vergüenza, y me ayudó a sentir mucha menos de la que sufría normalmente.

Hubo un año en el que me dediqué por completo a reclamar el poder de mi alma, pasara lo que pasara. Eso me llevó a una serie de cambios profundos en mi existencia, que culminaron con una mudanza al otro lado del país, para reiniciar mi vida en mis propios términos. Otro año, establecí una intención para sentir el poder de la diosa que hay en mí para vencer todos los obstáculos, tanto internos como externos. Fue un año increíble en el que vencí muchos demonios internos, como los que afloraron al escribir este libro.

Date un tiempo cada noveno día de tu práctica para recibir tu intención de crecimiento espiritual de tu Ser superior. No importa si no te llega de inmediato. El simple hecho de crear espacio te conducirá de modo natural a ella. Y cuando finalmente establezcas tu intención, debes saber que pondrá en marcha las circunstancias exactas en tu vida que te permitirán realizarla. Cuando consigas victorias en tu viaje espiritual, asegúrate de inclinarte ante Siddhidhatri en tu interior. Siempre hay fuerzas divinas presentes para guiarnos; solo tenemos que prestar atención para escuchar cómo nos orientan en nuestro interior.

PRÁCTICA: *Encuentra una forma de retribuirle a la naturaleza cada día.*

La madre tierra es una diosa a la que debemos retribuir agradeciendo la abundancia que nos proporciona la naturaleza para satisfacer todas nuestras necesidades día tras día. Podemos conectar más profundamente con nuestro Ser superior priorizando cada día una retribución a quien nos lo regala todo.

Establecer la intención de retribuir a la naturaleza puede significar comprometerte aún más con las tareas de reciclaje como una ofrenda a la diosa Siddhidhatri que llevas dentro. Puede tratarse de investigar las iniciativas locales para conservar la naturaleza y averiguar cómo puedes contribuir –con tu tiempo, dinero o habilidades– para ayudarles. Puede significar sustituir los productos de limpieza y de higiene personal por otros completamente naturales, no testados en animales y respetuosos con el medio ambiente. Puedes ofrecer tu tiempo como voluntario en un refugio de animales local u optar por ofrecer un hogar de acogida a los animales que provienen de estos refugios.

A medida que le retribuyas a la naturaleza, probablemente descubras que día tras día se incrementa tu aprecio por todos los dones que te ofrece, y te dote de mayor optimismo, fuerza y claridad mental para atravesar los altibajos de la vida.

PRÁCTICA: *Haz un donativo a una persona o a un grupo de personas que lo necesiten.*

Prestar un servicio a los necesitados sin ataduras ni expectativas conlleva una transformación. Es particularmente importante discernir que aquellos a quienes consideras servir no tienen otra manera de recibir lo que tienes para proveerles. Y que puedes dar con un espíritu de no identificarte como el que da, sino más bien de servir de instrumento para que las bendiciones lleguen a destinatarios dignos, que actualmente carecen de lo que tú tienes para ofrecer.

También es útil tener en cuenta cómo puedes ayudar a otros a ser más independientes de alguna manera en sus propias vidas. En lugar de simplemente dar dinero a los pobres, ¿hay formas de apoyar a organizaciones locales o internacionales que ayudan a los pobres a adquirir habilidades que les permitan mejorar sus vidas? ¿Puedes donar parte de tu tiempo y de tus habilidades naturales a dichas organizaciones? Hacerlo es activar el poder de Siddhidhatri dentro de tu noveno chakra, de modo que esta entrega se convierte en parte de tu práctica espiritual habitual, a través de la cual puedes ejercer realmente el discernimiento y el desapego de identificarte con tus acciones. De este modo, te conviertes en un recipiente puro para los dones (financieros, materiales o los talentos) que has recibido.

PRÁCTICA: ***Comparte una habilidad o enseña a los demás algo que sepas.***

En las antiguas tradiciones de sabiduría, los mejores maestros son los *renunciantes* o aquellos que simplemente no desean en modo alguno acaparar o impedir que otros aprendan y conozcan lo que ellos mismos saben. Cuando eres capaz de transmitir lo que has tenido la bendición de aprender en tu vida, en particular las lecciones espirituales, puedes completar un hermoso ciclo de retribución como fruto de la plenitud interior.

No importa cuántas vidas alcances o cuál sea tu impacto en un sentido cuantitativo. Solo importa que, si eres capaz de hacer algo que otros no pueden hacer, lo puedas compartir como una forma de hacer lo que debes hacer, por el bien más mayor de todos. Esta es una de las expresiones más elevadas del poder de Siddhidhatri en tu interior.

CONCLUSIÓN

Celebrar la victoria de la luz sobre la oscuridad

En el décimo día de cada ciclo de Navratri, reafirmo el trayecto de los nueve días anteriores, y las transformaciones internas (y luego externas) a las que cada uno lleva indefectiblemente.

Hoy, al terminar de escribir este libro, me siento al mismo tiempo más poderosa de lo que jamás habría imaginado, pero también vulnerable y humilde ante la fuerza divina que guía todos los acontecimientos de nuestra vida con el fin de desplegar nuestro Ser verdadero, si tan solo nos rendimos a seguir la orientación que viene de nuestro interior.

Habiendo madurado gracias al esfuerzo constante de vivir según las enseñanzas espirituales que aprendí de la tradición védica en más de una década, me siento sumamente agradecida por la función que estas enseñanzas tuvieron en empoderarme para salvarme a mí misma. Frente a diferentes tipos de confusión y dificultades que aparecieron a lo largo de los años de mi viaje espiritual, fueron las enseñanzas, y mi compromiso de aplicarlas con devoción en mi corazón, lo que acabaron protegiéndome. Supe que había encontrado a la diosa Durga en mi interior cuando pude atravesar con claridad, discernimiento y desapego una experiencia terriblemente devastadora en la que se violaron límites, me acosaron, me usaron de chivo expiatorio y sufrí la traición. Gracias a mi comprensión sobre la ley del karma, pude asumir la responsabilidad completa de todas las dificultades de mi vida, ver la conexión entre ellas y mantener la ecuanimidad en las situaciones que pusieron a prueba mi crecimiento espiritual. Me mantuve centrada en mi Ser verdadero a pesar de todo y trascendí aquella etapa para volver a iniciar mi vida y vivir el propósito que debía cumplir.

Me siento muy agradecida con mis padres por haberme apoyado de manera total e incondicional durante este período oscuro de mi vida. Hoy en día, cuando los veo, no puedo evitar sentir una inmensa gratitud por todo el camino recorrido durante la última década, un viaje que tuvo un comienzo difícil y que ahora está rebosante de paz, verdadera armonía y amor. Al mantenerme constante en mis prácticas espirituales y fortalecer mi relación con mi Ser verdadero, pude sanar mis heridas más profundas y transformar la relación con mis padres y con todas aquellas personas con las que tenía problemas. Toda sanación empieza por la determinación de ganar, ante todo, la guerra interna.

Las deidades masculinas le encomiendan a la diosa Durga combatir y vencer al demonio más fuerte, al que ninguna de las deidades masculinas podía derrotar por sí misma. Por muy oscuros que sean los comportamientos de otra persona, el mayor demonio está, en realidad, en nuestra propia mente. Una vez que hemos superado nuestra propia ira, temor, resistencia, pereza, inseguridad y tendencias autodestructivas nos damos cuenta de que, de hecho, no hay ningún demonio exterior. No hay ninguna fuerza oscura «ahí fuera» que pueda destruirnos. Nosotros somos nuestro mayor benefactor y también podemos convertirnos en nuestra mayor perdición.

A lo largo de los años, muchos miembros de mi familia y otras personas cercanas a mí me han señalado que mi bondad, amabilidad, compasión e ingenuidad eran debilidades que me hacían vulnerable al mal exterior. En realidad, creo que fueron justamente mi bondad, compasión y amabilidad las que me salvaron y me ayudaron a ganar la guerra interior cuando finalmente me comprometí a ser tan amable conmigo misma como lo sería con los demás, pasara lo que pasara. Soy dueña de mi realidad y ejerzo el poder de mi intelecto cuestionándolo todo de modo constante. No doy nada por sentado. El amor por mí misma, las prácticas espirituales, la capacidad de discernir lo que es verdad y prescindir de todo lo que no es divino, por dentro y por fuera, son mis mayores fortalezas. Con el poder de años de práctica espiritual a mis espaldas, me he entregado a la diosa Durga dentro de mí. Me convertí en mi propia heroína, salvadora y protectora.

Hoy dirijo mi propia organización para llevar adelante las tradiciones del linaje espiritual de Baba Ayodhya Nath Sinha, quien las aprendió y recibió de su padre, Bade Baba Shanti Prakash, y las de mis antepasados ayurvédicos personales, Amarchand Khokhani, Hakemchand Khokhani, Surchand Khokhani, y todos los que los antecedieron. No pasa un solo día en que no me sienta agradecida por todas las experiencias a las que sobreviví y por la oportunidad de compartir todos los tesoros que he obtenido del viaje de Navratri. Puedo decir sinceramente que sumergirme en el fondo del océano de mi propio sufrimiento emocional ha valido la pena para recuperar la perla preciosa de mi Ser verdadero.

Escribí este libro porque sentí que era lo que debía hacer, al servicio de la victoria de la luz eterna de la verdad más elevada, que en última instancia nos liberará a todos.

Espero que al leer este relato honesto de mis experiencias encuentres dentro de ti la fortaleza, el poder y la luz para disipar cualquier oscuridad que puedas estar sufriendo en este momento y, en el proceso, te conviertas en tu propio héroe.

Hay un dicho en la antigua tradición espiritual védica que dice: «*Om Tat Sat*». Significa que la oscuridad es temporal, y todo lo que hay es la luz de la Verdad Última. Deseo que todos nos inclinemos, una y otra vez, ante esa luz, que simbólicamente reside en el centro de la danza garba. Esta luz representa el poder que todos tenemos para dar a luz a nuestro Ser verdadero, que nos conecta con todos los seres vivos en una interminable y hermosa danza circular de la vida.

OM TAT SAT

Agradecimientos

ESTOY PROFUNDAMENTE AGRADECIDA A MUCHAS PERSONAS SIN LAS CUALES este libro nunca habría sido escrito:

En primer lugar, doy las gracias a Vijaya Jhothi, cuyo nombre significa «la victoria de la luz de la verdad», por inspirarme a descubrir mi Ser verdadero.

Gracias a mi agente literaria, Lisa DiMona, por creer en este libro desde el primer día y por apoyarme en cada paso del camino para escribirlo.

No podría haber escrito este libro de enorme complejidad sin la constante orientación, apoyo y colaboración de Julie Mosow, que ha sido una aliada increíble en mi búsqueda de ser fiel a mí misma hasta el final.

Un profundo agradecimiento para Gautam Mulchandani, el tío Mitch Hall, Rita Ellen Mirchandani, Shweta Bhatt y Tanvi Jain por colaborar como astutos lectores beta y por su amor y apoyo infinitos.

Un enorme agradecimiento para Marian Lizzi, de TarcherPerigee, por sus agudos comentarios y su apoyo, y también a todo su equipo por hacer realidad este libro: la correctora de estilo Madeline Hopkins; la editora de producción Andrea St. Aubin, la diseñadora de cubiertas Caroline Johnson y la diseñadora de interiores Shannon Plunkett.

Gracias a Lia Love Avellino por compartir conmigo sus prácticas lúcidas de escritura epistolar sobre el cambio de comportamiento y la regulación y transformación emocional.

Estoy eternamente agradecida a Mukta Maria de Blum, Silvana Fillmore y Betty Payne por ser mis tres diosas ángeles. Cada una de ellas caminó conmigo y me apoyó mientras desplegaba mis alas para volar.

Estoy profundamente agradecida a Baiju Mohandas por enseñarme el arte del Kalaripayattu, para que siempre pueda sentirme confiada, segura en mi propia piel y preparada para afrontar cualquier escenario desfavorable en el futuro con una seguridad que jamás había sentido.

Y un agradecimiento eterno a mis padres y a mi hermana por todas las formas en las que me habéis desafiado a crecer y luego me habéis apoyado para seguir el camino sin dirección de mi alma.

Apéndice

El mantra Gayatri es el regalo más preciado que recibí de mis estudios espirituales. Es una oración para evocar la luz del Ser verdadero que todos llevamos dentro. En la naturaleza, es el sol exterior el que la refleja y también la recuerda.

Dice lo siguiente:

Om Bhur Bhuvah Svaha
Tat Savitur Varenyam
Bhargo Devasya Dhimahi
Dhiyo Yonah Prachodayat

Puedes visitar el sitio web de mi organización, theancientway.co, para escuchar una grabación de este mantra.

Recursos

Me complace compartir contigo recursos que pueden ayudarte a despertar a tu guerrero interior y descubrir tu verdadero Ser:

Pódcast *True to Yourself*

@ananta.one en iTunes, Spotify, Google Podcasts, iHeart Radio y otros canales.

Escucha el pódcast *True to Yourself*, una guía compasiva para descubrir a tu Ser verdadero.

Programa de Certificación del Guerrero Espiritual

theancientway.co/spiritualwarrior
Conviértete en tu propio héroe en compañía de otros héroes como parte del Programa de Certificación del Guerrero Espiritual para prepararte a llevar una vida íntegra y retribuir a los demás como profesor, padre, autor o empresario siguiendo cada paso de la práctica de Navratri para la transformación interior. Este programa tiene una formación de asesoramiento y acelerador de lanzamiento opcionales para ayudarte con habilidades empresariales prácticas y el desarrollo de libros para manifestar tus visiones al mundo.

Programa Comunitario del Círculo de Vida

theancientway.co/community
Únete a un movimiento de bienestar comunitario que te conectará con otros compañeros que buscan el bienestar espiritual en todo el mundo para formar círculos del poder de la práctica, enseñanzas espirituales

orientadas a la aplicación, tutoriales de cocina, recetas ayurvédicas deliciosas de temporada, clases de encarnación y sesiones de sanación.

The Ancient Way (El camino ancestral)

theancientway.co
Visita el sitio web de mi organización para saber cómo puedes beneficiarte de nuestros cursos en línea y presenciales, retiros y programas comunitarios. Aquí también puedes consultar sobre un montón de comida ayurvédica deliciosa para tu alma.

The Ayurveda Way (El camino del ayurveda)

Lee el primer libro que publiqué, *The Ayurveda Way*, para aprender 108 prácticas de bienestar sencillas y fáciles de realizar del sistema de sanación más antiguo del mundo, que te ayudarán a dormir mejor, reducir el estrés, optimizar la digestión y mucho más.

Programa de Aprendizaje Virtual del Mundo del Vedanta

elearning.vedantaworld.org
Aprende el arte de vivir estudiando la ciencia espiritual del Vedanta de modo sistemático, en línea, con grabaciones de conferencias del renombrado filósofo Swami Parthasarathy sobre el Bhagavad Gita, los Upanishads y muchos otros textos espirituales importantes de los Vedas, verso por verso.

THE WELL

the-well.com
Visita THE WELL para disfrutar de propuestas integradas que ofrecen atención médica personalizada y holística a través de programas y espacios que reúnen lo mejor de las modalidades de sanación orientales y occidentales.